*Dr. Jaerock Lee*

# Våk og Be

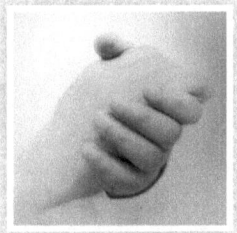

*Da Jesus kom tilbake til disiplene og fant dem sovende, sa Han til Peter:
"Så klarte dere ikke å våke med meg en eneste time?
Våk og be om at dere ikke må komme i fristelse!
Ånden er villig, men kroppen er svak."*
(Matteus 26:40-41)

**Våk og Be** av Dr. Jaerock Lee
Utgitt av Urim Bøkene (Representant: Seongnam Vin)
73, Yeouidaebang-ro 22-gil, Dongjak-gu, Seoul, Korea
www.urimbooks.com

Alle rettigheter forbeholdt. Denne boken og deler av den kan ikke bli kopiert i noen som helst form, oppbevart i et oppbevaringssystem, eller overført i noen som helst form eller på noen som helst måte, elektronisk, mekanisk, fotokopi, innspilt eller på noen annen måte uten skriftlig tillatelse fra forlaget.

Copyright © 2018 av Dr. Jaerock Lee
ISBN: 979-11-263-0436-3 03230
Oversettelses Copyright © 2010 av Dr. Esther K. Chung. Brukt ved tillatelse.

Tidligere utgitt i Korea i 1992 av Urim Bøkene i Seoul, Korea.

*Først Utgitt September 2018*

Redigert av Dr. Geumsun Vin
Planlagt av Urim Bøkenes Redigerings Byrå
Utskrevet av Prione Trykkeri
For mer informasjon, henvend deg til: urimbook@hotmail.com

# En Forkynnelse Angående Publikasjonen

Akkurat som Gud ber oss om å fortsette å be, gir Han oss også instruksjoner på mange måter om hvorfor vi må be hele tiden og advarer oss om å be slik at vi ikke vil falle inn i fristelse.

Akkurat som når vanlig pusting ikke er en vanskelig ting for en person med god helse, finner en åndelig frisk person det naturlig og ser ikke på det som slitsomt å leve etter Guds Ord og ber hele tiden bare av vane. Dette er på grunn av at like mye som en ber, vil en nyte god helse og alt vil gå godt med ham selv når hans sjel kommer godt overens. Det kan derfor ikke bli lagt nok vekt på betydningen med bønner.

En død person kan ikke puste gjennom hans nesebor. På samme måte, kan ikke et individ som har dødd åndelig, puste åndelig. Med andre ord, et menneskes ånd ble drept på grunn av Adams synder, med de som senere har fått deres ånd tilbake av den Hellige Ånd, må aldri slutte å be så lenge ånden deres lever, akkurat som vi ikke kan ta en pause med å puste.

Nye troere som bare nylig har akseptert Jesus Kristus er akkurat som spedbarn. De vet ikke hvordan de skal be og har det med å se på bønner som slitsomme. Men når de ikke gir opp å stole på Guds Ord og fortsetter å be iherdig, vil ånden deres vokse og bli sterkere idet de ber energiskt. Disse menneskene vil da innse at de ikke kan leve uten bønner, akkurat som noen ikke kan leve uten å puste.

Bønner er ikke bare våre åndelige åndedrag, men en samtalelinje mellom Gud og Hans barn, som må alltid forbli åpen. Det faktum at samtalen har blitt stoppet mellom mange foreldre og deres barn i de moderne familiene i dag, er ikke annet enn en tragedie. Gjensidig tillit har blitt ødelagt og deres forhold er mere en formalitet. Men det er ikke noe vi ikke kan fortelle vår Gud.

Vår allmektige Gud er en omsorgsfull Far som kjenner oss og

forstår oss best, er veldig oppmerksom på oss hele tiden, og ønsker at vi skal prate med Ham om og om igjen. For alle de troende er derfor bønner en nøkkel til å banke og låse opp døren til den allmektige Guds hjerte og et våpen som overgår tid og sted. Har vi ikke sett, hørt om, og erfart direkte mangfoldige kristne som har hatt livene deres helt forvandlet og verdens historiens retning som har blitt forandret på grunn av mektige bønner?

Idet vi ydmykende ber om hjelp av den Hellige Ånd når vi ber, vil Gud fylle oss med den Hellige Ånd, tillate oss å tydeligere forstå Hans vilje og leve etter det, og få oss til å overvinne fiende djevelen og seire her i verden. Men når en ikke kan motta veiledning fra den Hellige Ånd fordi han ikke ber, vil han stole først og fremst på hans egne tanker og teorier og leve i usannheten, som går imot Guds vilje, og det vil være vanskelig for ham å motta frelse. Det er derfor Bibelen i Kolosserne 4:2 forteller oss, *"Vær utholdende i bønn, våk og be med takk til*

*Gud,"* og i Matteus 26:41, *"Våk og be om at dere ikke må komme i fristelse! Ånden er villig, men kroppen er svak."*

Grunnen til at Guds eneste Sønn kunne fullføre alt Hans arbeide ifølge Guds vilje var på grunn av makten av bønnen. Før Han begynte Hans offentlige prestetjeneste, fastet vår Herre Jesus i 40 dager og satte et eksempel på et liv med bønner når enn Han kunne, selv under Hans 3 årige prestetjeneste.

Vi finner at mange kristne anerkjenner viktigheten med bønner, men mange av dem mislykkes i å motta Guds svar fordi de ikke vet hvordan de skal be ifølge Guds vilje. Jeg har blitt hjerteknust ved å se og høre på slike individer i lang tid, men jeg er lykkelig over å utgi en bok om bønner som er basert på over 20 år med prestetjeneste og førstehånds erfaring.

Jeg håper at denne lille boken kan bli til stor hjelp for alle leserne når de møter og erfarer Gud, og leder et liv med kraftige bønner. Jeg håper at alle leserne er vaktsomme og at de ber hele tiden slik at han vil nyte god helse og at alt vil gå godt med ham selv når sjelen hans vil komme godt over ens, i vår Herres navn jeg ber!

*Jaerock Lee*

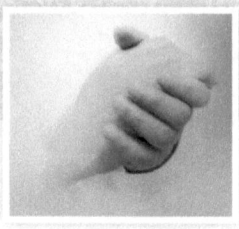

# Innehold

Våk og Be

En Forkynnelse Angående Publikasjonen

*1. Kapittel*
Spør, Undersøk, og Bank på  1

*2. Kapittel*
Tro på at du har mottat dem  19

*3. Kapittel*
Den Slags Bønner som Gud Liker  33

*4. Kapittel*
At du ikke må komme inn i fristelse  53

*5. Kapittel*
Bønnen til en Rettferdig Mann  69

*6. Kapittel*
Troens Store Makt i Samhold  81

*7. Kapittel*
Be Alltid og Gi Aldri Opp  97

# 1. Kapittel

## Spør, Undersøk, og Bank på

"Be, så skal dere få. Let, så skal dere finne.
Bank på, så skal det lukkes opp for dere.
For den som ber, han får, og han som leter, han finner,
og den som banker på, skal det lukkes opp for.
Eller hvem av dere vil gi sønnen sin en stein,
når han ber om et brød?
Eller gi ham en orm, når han ber om en fisk?
Når selv dere som er onde,
vet å gi barna deres gode gaver,
hvor mye mer skal ikke da deres far
i himmelen gi gode gaver til dem som ber Ham!"

Matteus 7:7-11

## 1. Gud Gir Gode Gaver Til De Som Spør

Gud vil ikke at Hans barn skal lide av fattigdom og sykdom, men ønsker at alle affærene i livet deres skal gå godt. Men hvis vi bare sitter passivt uten å anstrenge oss i det hele tatt, vil vi ikke kunne høste noe i det hele tatt. Selv om Gud kan gi oss alt i universet, for alt i universet tilhører Ham, vil Han at Hans barn skal spørre etter det, søke etter det, og oppnå det på egen hånd akkurat som det er et gammelt ordtak som sier, "Du mater det gråtende spedbarnet."

Hvis det er en person som ønsker å motta alt idet han bare ser på, er det ikke noe forskjell på ham og blomstene som har blitt plantet i haven. Hvor motløs ville ikke foreldrene bli hvis barna deres oppførte seg akkurat som stillestående planter og brukte hele dagen i sengen uten noen som helst anstrengelse med å leve deres egne liv? Slik oppførsel er akkurat som en lat mann som kaster bort all hans tid med å vente på at frukten ifra et tre skal falle i munnen hans.

Gud vil at vi skal bli Hans kloke og iherdige barn som helt ivrig spør, søker, og banker på, og dermed nyter Hans velsignelser og gir Ham ære. Det er helt nøyaktig derfor Han befaler oss om å spørre, søke, og banke på. Ingen foreldre vil gi barnet deres en stein når barnet spør etter brød. Ingen foreldre vil gi barnet deres en orm når barnet spør etter fisk. Selv om en av foreldrene er så onde, ønsker han fremdeles å gi gode gaver til barna hans. Tror du ikke at vår Gud – Han som elsket oss i den utstrekning at Han ga Hans eneste Sønn for å dø på våre vegne – vil gi Hans barn gode gaver når de spør?

I Johannes 15:16 forteller Jesus oss, *"Du valgte ikke Meg, men Jeg valgte deg, og utpekte deg til å gå og bære frukt, og at frukten din ville bli igjen, slik at alt det du spør Min Fader om i Mitt Navn, vil Han gi deg."* Dette er det eneste løfte til den allmektige elskverdige Gud, at når vi veldig ivrig spør, søker, og banker på, vil Han åpne porten til himmelen, velsigne oss, og til og med svar på vårt hjertes ønsker.

Med sitatet som dette Kapittelet er basert på, la oss lære hvordan vi skal spørre, søke, og banke på for å få alt det vi spør etter ifra Gud slik at det vil bli stor ære for Ham og stor lykke for oss.

## 2. Spør og Det Vil Bli Gitt til Deg

Gud forteller alle mennesker, "Spør og det vil bli gitt til deg," og ønsker at alle som mottar alt som de spør etter skal være velsignede personer. For hva forteller Han oss derfor å spørre etter?

### 1) Spør Etter Guds Styrke og Å Se Hans Ansikt

Gud skapte mennesket etter at Han hadde skapt himmelrikene og jorden og alt i den. Og Han velsignet og fortalte mannen om å bli fruktbar og å multiplisere seg, og fylle verden, og underlegge seg den; og styre over fisken i havet og over fuglene i himmelen og over alt som lever og som rører på seg på jorden.

Etter at den første mannen Adam ikke adlød Guds Ord, mistet han derimot disse velsignelsene og gjemte seg ifra Gud når Han hørte Hans stemme (1. Mosebok 3:8). I tillegg, har mennesker blitt fjernet ifra Gud og blitt drevet inn mot ødeleggelse som slaver til fiende djevelen.

For disse synderne, sendte kjærlighetens Gud Hans Sønn Jesus Kristus hit til jorden for å redde dem, og åpnet døren for dem til deres frelse. Og hvis noen aksepterer Jesus Kristus som deres personlige Frelser og tror på Ham, vil Gud tilgi ham alle hans synder og gi ham den Hellige Ånd i gave.

Troen på Jesus Kristus vil også lede oss til frelse og gjøre det mulig for oss å motta Guds styrke. Bare når Gud gir oss Hans styrke og makt, kan vi sukksessfult lede religiøse liv. Vi kan med andre ord bare overvinne verden og leve ifølge Guds Ord ved nåden og styrken ovenifra. Og vi trenger å motta Hans makt for å seire over djevelen.

Salmenes bok 105:4 forteller oss, *"Søk etter HERREN og Hans styrke; Let etter Hans ansikt hele tiden."* Vår Gud er

*"JEG ER DEN JEG ER"* (2. Mosebok 3:14), Skaperen av himmelrikene og jorden (1. Mosebok 2:4), og Leder for hele historien og alt i universet fra tidens begynnelse og i all evighet. Gud er Ordet og ved Ordet skapte Han alt i universet og Hans Ord er derfor makten. For menneskets ord vil alltid forandre seg, de holder ikke på noe makt for å skape eller få ting til å skje. I ulikhet med menneskenes ord som ikke er sanne og som alltid forandrer seg, er alltig Guds Ord i live og full av makt, og kan bringe skapelsens arbeide.

Så derfor, samme hvor maktesløs en vil være, hvis han hører Guds Ord som lever, og hører på det uten å tvile på det, kan også han bringe skapelsens arbeide og skape noe ut av ingenting. Skapelse av noe ut av ingenting er umulig uten ens tro på Guds Ord. Det er derfor Jesus bekjentgjorde til alle de som kom til Ham, *"Det skal bli gjort for deg akkurat som du har trodd."* (Matteus 8:13). Å spørre etter Guds styrke er kort sagt det samme som å spørre Ham om å gi oss tro.

Hva betyr det så å "hele tiden søke etter Hans ansikt"? Akkurat som vi sier at vi ikke kan si at vi "kjenner" noen uten å kjenne hans ansikt, "å søke etter Hans ansikt" refererer til anstrengelsen vi gjør for å finne ut av "hvem Gud er." Det betyr at de som tidligere har unngått å se Guds ansikt og høre Hans stemme vil nå åpne deres hjerter, søke og forstå Gud, og prøve å høre Hans stemme. En synder kan ikke løfte opp hodet hans og prøver å snu ansiktet sitt vekk ifra andre. Men, så fort han mottok tilgivelse, kan han løfte hodet sitt opp og se andre mennesker.

På samme måten har alle mennesker blitt syndere gjennom ulydigheten av Guds Ord, men hvis en er tilgitt ved å akseptere Jesus Kristus og blir Guds barn ved å motta den Hellige Ånd, kan han nå se Gud som er selve Lyset, for han kan bli rettferdig av den rettferdige Gud.

Den mest avgjørende grunnen til at Gud ber alle mennesker om å "spørre om å se Guds ansikt" er på grunn av at Han vil at hver og en av dem – synderne – skal bli forsonet med Gud og motta den Hellige Ånd ved å be om å se Guds ansikt, og for å bli Hans barn som kan komme ansikt til ansikt med Ham. Når en blir en av Gud Skaperens barn, vil han motta himmelrike og det evige livet og gleden, over alt annet hvor ikke noe annet har en større velsignelse.

### 2) Spør om å Utføre Guds kongerike og rettferdighet

En person som mottok den Hellige Ånd og ble et av Guds barn kan leve et nytt liv, for han har blitt født igjen av Ånden. Gud som kan anses som mere kjær enn himmelrikene og jorden ber Hans barn om å fullføre Hans kongerike og rettferdighet før noe annet (Matteus 6:33).

Jesus forteller oss følgende i Matteus 6:25-33:

*Derfor sier jeg dere: Vær ikke bekymret for livet, hva dere skal spise, eller hva dere skal drikke, heller ikke for kroppen, hva dere skal kle dere med. Er ikke livet mer enn maten og kroppen mer enn klærne? Se på fuglene under himmelen! De sår ikke, de høster ikke og samler ikke i hus, men den Far dere har i himmelen, gir dem føde likevel. Er ikke dere mer verd enn de? Hvem av dere kan vel med all sin bekymring legge en eneste alen til sin livslengde? Og hvorfor er dere bekymret for klærne? Se på liljene i marken, hvordan de vokser! De strever ikke og spinner ikke, men Jeg sier dere: Selv ikke Salomo i all sin prakt var kledd som en av dem. Når Gud kler gresset på marken så fint, det som gror i dag og kastes i ovnen i morgen, hvor mye mer skal han ikke da kle dere. Dere lite troende! Så gjør dere ikke bekymringer, og si ikke: 'Hva skal vi spise?' eller 'Hva skal vi drikke?' eller 'Hva skal vi kle oss med?' Alt dette er Hedningene opptatt av. Men den Far dere har i himmelen, vet jo at dere trenger alt dette. Søk først Guds rike og Hans rettferdighet, så skal dere få alt det andre i tillegg.*

Hva mener de så med "å søke Guds kongerike" og hva mener de med "å søke etter Hans rettferdighet"? Med andre ord, hva burde vi spørre etter for at vi fullført Guds kongerike og Hans rettferdighet?

For de menneskene som hadde vært slaver til fiende djevelen og som det hadde blitt forutbestemt at de ville gå mot ødeleggelse, sendte Gud Hans eneste Sønn her på jorden og tillot Jesus å dø på korset. Gjennom Jesus Kristus, har Gud også gitt oss tilbake myndigheten som vi mistet og gitt oss lov til å spasere på veien mot frelse. Jo mere vi sprer nyhetene om Jesus Kristus som døde for oss og som oppstod igjen, jo mer av Satans makt blir ødelagt. Jo mere av Satans makt som blir ødelagt, jo flere tapte sjeler vil få frelse. Jo flere sjeler som får frelse, jo større vil Guds kongerike bli. Så, "Å søke Guds kongerike" refererer til å be for arbeide med å redde sjeler eller verdens misjonen, slik at alle mennesker kan bli Guds barn.

Vi levde før i mørket og midt i synden og ondskapen, men vi har fått styrke gjennom Jesus Kristus til å komme til Gud som er selve lyset. For Gud oppholder seg i godheten, i rettferdigheten, og i lyset, med synden og ondskapen kunne vi ikke ha kommet til å bli Hans barn.

Å søke etter "Guds rettferdighet" referer derfor til å be om at ens døde ånd kan bli oppvekket, om at hans sjel kan blomstre og at han kan bli rettferdig ved å leve ifølge Guds Ord. Vi må spørre Gud om å tillate oss å høre og bli opplyst av Guds Ord, komme ut ifra synden og mørket og oppholde oss i lyset, og bli reddet ved å følge Guds hellighet.

Å kaste vekk det kjødelige arbeidet ifølge den Hellige Ånds

ønsker og bli reddet ved å leve etter sannheten betyr å fullføre Guds rettferdighet. Og ettersom vi videre spør om å kunne fullføre Guds rettferdighet vil vi nyte god helse og alt vil gå godt med oss selv når våre sjeler blomstrer (3. Johannes 1:2). Det er derfor Gud befaler oss om å spørre først for å kunne fullføre Guds kongerike og Hans rettferdighet, og lover oss at alt annet som vi spør etter vil også bli gitt til oss.

### 3) Spør om du kan bli Hans tjener og fullføre de forpliktelsene som Gud har gitt deg

Hvis du spør om å fullføre Guds kongerike og rettferdighet, da må du be for å bli Hans tjener. Hvis du allerede er Hans tjener, må du virkleig be for å utføre de forpliktelsene som Gud har gitt deg. Gud belønner de som iherdig søker etter Ham (Hebreerne 11:6) og vil gi Hans belønning til hvert eneste menneske ifølge det han har gjort (Johannes' åpenbaring 22:12).

I Johannes åpenbaring 2:10 forteller Jesus oss, *"Vær trofast helt til du dør, og jeg vil gi deg livets krone."* Selv her i dette livet, når en studerer iherdig kunne han få stipendium og komme inn på et godt universitet. Når en arbeider hardt, kan han bli forfremmet og motta bedre behandling og høyere lønn.

På samme måte, når Guds barn er trofaste med deres forpliktelser som Gud har gitt dem, vil de få større forpliktelser og større belønninger. Belønningene her i verden kan ikke sammenlignes med belønningene i himmelens kongerike i størrelse eller ære. Ved hans egen anseelse vil derfor hver av oss bli mer og mer ivrige i troen og be for å kunne bli Guds elskede tjenere.

Hvis en ennå ikke har fått en oppgave ifra Gud, må han be for å bli en tjener for Guds kongerike. Hvis en allerede har fått en oppgave, må han be for å utføre den godt og se etter en enda større oppgave. En legmann må be for å kunne bli en diakon mens diakonen må be for å kunne bli en av de eldre. En cell leder burde be for å bli en under-distrikts leder, og under-distrikts lederen burde be for å bli en distrikts leder, og for at distrikts lederen skal kunne stige høyere opp.

Dette betyr ikke at en burde be om tittelen til en av de eldre eller en diakon. Det refererer til ønske om å bli trofast til hans forpliktelser, om å gjøre en større innsats for dem, og tjene og bli brukt på et større nivå av Gud.

Den viktigste tingen for en person som har fått en oppgave ifra Gud er en slags trofasthet som han kan utføre lettere enn noe annet, selv større forpliktelser enn de han for tiden hadde. For dette må han be slik at Gud kan lovprise ham, "Godt gjort, gode og trofaste tjener!"

1. Korinterne 4:2 forteller oss, *"På denne måten, er det dessuten nødvendig at tjenestefolkene blir funnet troverdig."* Derfor må hver og en av oss be for å bli Guds trofaste arbeidere i kirken vår, kroppen til Kristus, og i våre forskjellige stillinger.

### 4) Spør etter det daglige brødet

For å kunne befri mennesket ifra fattigdom ble Jesus født fattig. For å kunne helbrede hver eneste sykdom og skrøpelighet, ble Jesus prylet og blødde ihjel. Det er derfor bare naturlig for Guds barn å nyte overflod og friske liv, og at hvert eneste affære i livene deres skal gå godt.

Når vi først spør om å fullføre Guds kongerike og rettferdighet, forteller Han oss at også alle disse tingene vil bli gitt til oss (Matteus 6:33). Med andre ord, etter at vi spør etter fullførelse av Guds kongerike og rettferdighet, må vi be for ting som er nødvendig å leve med her i denne verden, som for eksempel mat, klær, tilfluktssted, arbeide, velsignelser på våre arbeidssteder, vår families velvære, og liknende. Gud vil så fylle oss akkurat som vi lovte Ham. Tenk på at hvis vi spør etter slike ting for våre begjærende ønsker og ikke for Hans ære, da vil Gud ikke svare på vår bønn. Bønner med syndige ønsker har ikke noe med Gud å gjøre.

## 3. Søk Etter og Du Vil Finne

Hvis du "søker," betyr dette at du har mistet noe. Gud vil gjerne at mennesker skal ha dette "noe" som de har mistet. For Han befaler oss å søke, men først må vi fastslå hva det er vi har mistet slik at vi kan søke etter dette "noe" som vi har mistet. Vi må også finne ut av hvordan vi kan finne det.

Hva har vi så funnet, og hvordan "søker" vi etter det?

Den første personen som Gud skapte var en levende skapning som hadde blitt laget av ånd, sjel, og kropp. Som et levende vesen som kan kommunisere med Gud som er Ånden, nøt den første mannen alle de velsignelsene som Gud hadde gitt ham og levde ifølge Hans Ord.

Men etter at han hadde blitt fristet av Satan, var ikke den første mannen lydig mot Guds befaling. I 1. Mosebok 2:16-17 finner vi, *"Og Herren Gud ga mannen dette påbud: 'Du kan spise av alle trærne i haven. Men treet som gir kunnskap om godt og ondt, må du ikke spise av, for den dagen du spiser av det, skal du dø.'"*

Selv om hele menneskets forpliktelse er å frykte Gud og holde på Hans befalinger (Predikerens bok 12:13), holdt ikke den første mannen som ble skapt Guds befaling. På slutten, akkurat som Gud hadde advart ham, etter at han spiste ifra treet med kunnskapen om godt og ondt, døde ånden i ham og han ble et sjelelig menneske, som ikke lenger kunne kommunisere med Gud. I tillegg, døde åndene til alle hans etterkommere og de ble kjødelige mennesker som ikke lenger kunne beholde hele deres forpliktelse. Adam ble drevet ut av Edens Have til den forbannede jorden. Han og alle de som kom etter ham måtte nå leve midt i sorgen, lidelsen, og sykdommen, og bare på grunn av deres harde arbeide kunne de spise. De kunne også ikke lenger leve på en måte som var en verdig grunn til Guds skapelse, men idet de fulgte etter meningsløse ting i følge deres egne tanker, ble de korrupte.

For at et individ, hvor ånden døde og som bare lever på grunn av hans sjel og hans kjødelige, skal kunne leve igjen på en måte som er verdig Guds skapelse, trenger han å gjenvinne hans tapte ånd. Bare når den døde ånden inne i menneske blir oppvekket, blir han et åndelig menneske, og kommuniserer med Gud som er Ånden, og vil han kunne leve som et sant menneske. Det er på grunn av dette at Gud ber oss om å søke etter vår tapte ånd.

Gud åpnet en vei for alle mennesker slik at de kunne oppvekke deres døde ånd og denne veien er Jesus Kristus. Når vi tror på Jesus Kristus, vil vi motta den Hellige Ånd og den Hellige Ånd vil komme og være i oss, og vekke til livet vår døde ånd. Når vi søker etter Guds ansikt og mottar Jesus Kristus etter at vi hører at Han banker på døren til vårt hjerte, vil den Hellige Ånd komme og føde ånden (Johannes evangeliet 3:6). Når vi lever i lydighet til den Hellige Ånd, kaster vekk kjødelig arbeid, ivrig hører på, tar imot, lager brød av, og ber på Guds Ord, med Hans hjelp vil vi kunne leve etter Hans Ord. Dette er prosessen hvor en død ånd blir opplivet og en blir en menneskelig ånd og får igjen det tapte speilbilde av Gud.

Når vi vil spise den veldig næringsrike eggeplommen, må vi

først knuse eggeskalllet og ta vekk eggehviten. På samme måte må et individ kaste vekk hans kjødelige arbeide og få en ny ånd gjennom den Hellige Ånden for å bli et åndelig menneske. Det er denne "søkingen" som Gud pratet om.

Nå innbill deg at alle de elektriske systemene i verden ble nedstengt. Ingen ekspert kunne alene reparere systemet. Det hadde ville tatt lang tid for ekspertene å tilkalle elektrikere og få de nødvendige delene slik at elektrisiteten kan bli reparert over alt i verden.

På samme måte trenger en å høre og kjenne Guds Ord for å kunne oppvekke den døde ånden og bli et menneske med en hel ånd. Men å kjenne Ordet er alene ikke nok til å gjøre ham til et åndelig menneske. Han må flittig ta imot, lage brød, og be i Ordet slik at vi kan leve ifølge Guds Ord.

### 4. Bank På og Døren Vil Åpne Seg for Deg

"Døren" som Gud pratet om er en dør med løfte som vil bli åpnet når vi banker på den. På hva slags dør ber Gud oss om å banke på? Det er døren til Guds hjerte.

Før vi banket på døren til Guds hjerte, banket Han først på døren til vårt hjerte (Johannes' åpenbaring 3:20). På grunn av dette åpnet vi dørene til vårt hjerte og aksepterte Jesus Kristus. Nå er det vår tur og banke på døren til Hans hjerte. For hjertet til vår Gud er bredere enn himmelrikene og dypere enn havet, og vi kan derfor motta alt mulig hvis vi banker på døren til Hans uendelige hjerte.

Når vi ber og banker på døren til Guds hjerte, vil Han åpne portene til himmelen og det vil strømme ut skatter til oss. Når Gud åpner porten til himmelen, som ingen vil lukke når han åpner den eller som ikke vil åpne den når Han lukker den, og lover oss at Han skal velsigne oss, da kan ingen stå i veien for Han og Hans strøm av velsignelse (Johannes åpenbarelse 3:7).

Vi kan motta Guds svar når vi banker på døren til Hans hjerte. Men avhengig av hvor hardt en banker på den døren, kan en motta enten en stor eller en liten velsignelse. Hvis han ønsker å motta en stor velsignelse, må portene til himmelen bli fullstendig åpnet. Han trenger derfor å banke på døren til Guds hjerte bare mere og iherdigere og tilfredstille Ham.

For Gud er tilfredstilt og lykkelig når vi kaster vekk all ondskapen og lever etter Hans budskap i sannheten, hvis vi lever etter Guds Ord, og vi kan derfor motta alt det vi spør om. Med andre ord, "banke på døren til Guds hjerte" refererer til å leve etter Guds budskap.

Når vi ivrig banker på døren til Hans hjerte, da vil Gud aldri irettesette oss og si, "Hvorfor banker du så hardt?" Det er helt det motsatte. Gud vil bare bli mere lykkelig og glad for å gi oss det vi spør om. Jeg håper derfor at du vil banke på døren til Guds hjerte med dine gjerninger, motta alt det du spør etter, og derfor gi Gud en stor ære.

Har du noensinne fanget en fugl med en sprettert? Jeg husker en gang da jeg hørte ifra en av mine fedres venner, som roste meg på grunn av mine talenter med å lage en sprettert. Spretterten er et utstyr som har blitt forsiktig utskjært av tre og hvor en skyter en stein ifra et strikk som er bundet rundt et Y-formet tre stykke.

Hvis jeg skulle sammenligne Matteus 7:7-11 til spretterten, da vil "spørre" referere til det å finne en sprettert og en stein som jeg kan fange en fugl med. Så trenger du å utstyre deg selv med muligheten for å kunne sikte godt på fuglen. Hva hadde det hjulpet å ha en god sprettert og en stein hvis du ikke viste hvordan du skulle skyte? Du vil kanskje bygge en skytetavle, gjøre deg familiær med sprettertens egenskaper, praksisere deg på skytetavlen, og avgjøre og forstå den beste måten en kan fange fuglen på. Denne prosessen er den samme som å "søke." Ved å lese, ta imot, og lage brød av Guds Ord, har du nå som Guds barn utstyrt deg selv med kvalifikasjonene til å motta Hans svar.

Hvis du har utstyrt deg selv med muligheten til å håndtere spretterten og få gode skudd ut av den, da må du nå skyte og dette kan bli sammenlignet med å "banke på." Selv om en har forberedt en sprettert og en stein, og selv om du har utstyrt deg selv med teknikker for å kunne skyte med dem, kan du ikke fange en fugl hvis du ikke skyter. Vi kan med andre ord bare motta det vi spør etter når vi lever etter Guds Ord hvor vi har laget brød i vårt hjerte.

Spørre, søke, og banke på er ikke forskjellige prosedyrer, men en prosedyre som er flettet sammen. Nå vet du hva du skal spørre om, hva du skal søke etter, og hva du skal banke på. Må du gi stor ære til Gud som Hans velsignede barn idet du mottar svar på ditt hjertes ønsker ved å iherdig og ivrig spørre, søke etter, og banke på, i vår Herres navn jeg ber!

## 2. Kapittel

## Tro på at du har mottatt dem

Sannelig, Jeg sier dere: om noe sier til fjellet,
'Løft deg og kast deg i havet!' og han ikke tviler i sitt hjerte,
men tror at det han sier, vil skje, da skal det også gå slik.
Derfor sier Jeg dere Alt det dere ber om i bønnene deres,
tro at dere har fått det, og dere skal få det.

Markus 11:23-24

## 1. Troens Store Makt

En dag hørte Jesus' disipler som var med Ham at deres Lærer sa til et frukt tre, *"Det skal ikke lenger komme noe frukt ifra deg!"* (Matteus 21:19). Når de så at treet hadde visnet helt til røttene, ble disiplene helt overrasket og spurte Jesus. Til svar sa Han, *"Sannelig sier Jeg dere, hvis du har tro og ikke tviler, vil du ikke bare kunne gjøre det som ble gjort til fiken treet, men selv om du sier til dette fjellet, 'Flytt deg og kast det inn i havet,' da vil det skje"* (Matteus 21:21).

Jesus lovte oss også, *"Sannelig, sannelig, sier jeg dere, han som tror på Meg, det arbeide som Jeg gjør, det vil også han gjøre; og mektigere arbeide enn dette vil han også gjøre; fordi jeg går til Faderen. Alt det du spør om i Mitt navn, det vil jeg gjøre, slik at Faderen vil bli lovpriset i Sønnen. Alt det du spør om i Mitt navn, det vil jeg gjøre"* (Johannes 14:12-14), og *"Hvis dere blir i Meg og Mine ord blir i dere, da be om hva dere vil og dere skal få det. For med dette blir min Far æret, at dere bærer mye frukt og blir mine disipler"* (Johannes 15:7-8).

Siden Gud Skaperen kort sagt er Faderen til de som har akseptert Jesus Kristus, kan de få svar på deres hjerters begjær når de tror på og adlyder Guds Ord. I Matteus 17:20 forteller Jesus oss, *"På grunn av din lille tro; for sannelig sier jeg deg, hvis du har en tro på størrelse med et sennepsfrø, da vil du si til dette fjellet, 'Flytt deg fra her til der,' og den vil flytte seg;*

*og ingenting vil bli umulig for deg."* Hvorfor er det derfor så mange mennesker som mislykkes i å motta Guds svar og gir Ham ære til tross for mangfoldige timer med bønn? La oss undersøke hvordan vi kan ære Gud idet vi mottar alt det vi ber om og spør etter.

## 2. Tro på den Allmektige Gud

For å få en mann til å akseptere hans liv fra hans fødsel, ville han kreve slike nødvendige ting som mat, klær, tilfluktssted og liknende. Men fremdeles er pusting den mest vesentlige ingrediensen for å opprettholde livet; det gjør det mulig for livets tilværelse og gjør at livet blir vert å leve. Mens Guds barn som har akseptert Jesus Kristus og som har blitt født igjen vil også forlange mange ting her i livet, er det mest fundamentale av alt i livene deres er bønnene.

Bønner er kanalen med samtalen med Gud som er Ånden og også åndedraget for vår ånd. Å be er også en måte å spørre Gud og motta Hans svar, det vil si det mest betydningsfulle tingen i beding er hjertet som vi tror på den allmektige Gud med. Avhengig av hvor mye tro en har på Gud når han ber, vil han føle sikkerheten med Guds svar og vil motta svarene ifølge hans tro.

Så hvem er så denne Gud som vi setter vår tillit til?

Når Han beskriver seg selv i Johannes' åpenbaring 1:8, sier Gud, *"Jeg er Alfa og Omega, Han som er og Han som var og Han som kommer, den Allmektige."* Den Gud som ble fremhevet i det Gamle Testamentet er Skaperen av alt i universet (1. Mosebok 1:1-31) og delte Røde Havet og tillot så isralittene som hadde dratt ifra Egypt om å krysse den (2. Mosebok 14:21-29). Når isralittene adlød Guds budskap og marsjerte rundt omkring i byen Jeriko i sju dager og ropte høyt, og veggene i Jeriko som virket som de ikke kunne bli ødelagte kom styrtende ned (Josva 6:1-21). Når Josva ba til Gud i midten av kampen mot Amorittene, lot Gud solen stå stille, og månen stoppet (Josva 10:12-14).

I det Nye Testamentet reiste Jesus, Sønnen til den allmektige Gud, de døde fra graven (Johannes 11:17-44), helbredet hver eneste sykdom og plage (Matteus 4:23-24), åpnet øynene til de blinde (Johannes 9:6-11), og fikk krøplingen til å stå opp og gå igjen (Apostlenes gjerninger 3:1-10). Han drev også vekk makten av fiende djevelen og de onde åndene med Hans Ord (Markus 5:1-20) og med fem brød loffer og to fisker, ga han dem nok mat for 5,000 menn og for at de skulle bli mette (Markus 4:35-39).

Vi må derfor tro på den allmektige Gud som gir oss gode gaver i Hans overflodige kjærlighet. Jesus fortalte oss i Matteus 7:9-11, *"Eller hvem av dere vil gi sønnen deres en stein når han ber om brød, eller gi ham en orm når han spør om en fisk? Når selv dere som er onde, vet å gi barna deres gode gaver, hvor mye mer skal ikke da deres Far i himmelen gi gode gaver til dem som ber ham!"* Kjærlighetens Gud vil gjerne gi oss Hans barn de beste gavene.

I Hans overflodige kjærlighet ga Gud oss Hans eneste Sønn. Hva mere ville Han ikke gi oss? Esaias 53:5-6 forteller oss, *"Men han ble såret for våre overtredelser og knust for våre misgjerninger. Straffen lå på ham for at vi skulle ha fred, ved hans sår har vi fått legedom. Vi for alle vill som sauer, vi vendte oss hver sin vei. Men skylden som vi alle hadde, Lot Herren ramme Ham."* Gjennom Jesus Kristus, forberedte Gud ting for oss, vi har mottat livet fra døden, og vi kan nyte fred og bli helbredet.

Hvis Guds barn tjener den allmektige og levende Gud som deres Fader og tror på at Gud får alle ting til å arbeide sammen for godt, for de som elsker Ham og at Han svarer de som roper ut til Ham, de må ikke engste seg eller være redde når det kommer fristelse og lidelse, men de bør istedenfor være takknemllige, lykkelige, og be.

Dette er for å "tro på Gud" og Han blir glad for å se at en viser en slik tro. Gud vil også svare oss ifølge vår tro og ved å vise oss bevis på Hans tilstedeværelse, vil Gud la oss gi Ham ære.

## 3. Spør Troende og Ha Ingen Tvil

Gud Skaperen av himmelrikene, jorden, og menneskeheten, tillot menneskene å skrive ned Bibelen slik at Hans vilje og forsyn kunne bli gjort kjent til alle. Gud viser også, hele tiden, seg selv til de som tror på og adlyder Hans Ord, Og vil bevise overfor oss at Han lever og er allmektig gjennom tilkjennegivelse av miraklende tegn og undere.

Vi kan tro på den levende Gud bare ved å se på skapelsen (Romerne 1:20) og gi ære til Gud ved å motta Hans svar med vår bønn sammen med troen på Ham.

Disse er "kjødelig tro" som vi kan tro på på grunn av at vår kunnskap eller tanker er i overensstemmelse med Guds Ord og den "åndelige troen," den troen som vi kan motta Hans svar med. Mens det som Guds Ord forteller oss er usannsynlig når en måler det imot menneskets kunnskap og tanker, vil Gud gi oss tro og en viss sikkerhet, når vi spør Ham mens vi tror på Ham. Disse innslagene krystallisere seg til et svar og dette er åndelig tro.

Derfor forteller Jakobs 1:6-8 oss, *"Men han må be i tro, uten å tvile. For den som tviler, ligner en bølge på havet som drives og kastes hit og dit av vinden. Ikke må et slikt menneske vente å få noe av Herren, splittet som han er, og ustø i all sin ferd."*

Tvil kommer ifra menneskets kunnskap, tanker, diskusjoner,

og fordring, og kan bli brakt til oss av fiende djevelen. Et tvilende hjerte er tvilrådig og listig, og Gud hater dette mest. Hvor tragisk ville det ikke bli hvis dine barn ikke kunne tro, men istedenfor tvilet på om du var deres biologiske far eller mor? På samme måte, hvordan kunne Gud svare på Hans barns bønner hvis de ikke trodde på at det var Ham som var deres Far, selv om Han bærte og oppdro dem?

Vi kan derfor bli minnet på om at *"Derfor er det som kjøttet vil, fiendskap mot Gud, for det bøyer seg ikke under Guds lov og kan heller ikke gjøre det. De som kjøtt og blod har makten over, kan ikke være til glede for Gud"* (Romerne 8:7-8), og anbefaler å *"rive ned tankebygninger og alt stort og stolt som reiser seg mot kunnskapen om Gud. Vi tar hver tanke til fange under lydigheten mot Kristus"* (2. Korinterne 10:5).

Når vår tro blir omgjort til en åndelige tro og vi ikke tviler i det hele tatt, da er Gud helt tilfreds og vil gi oss alt det vi spør om. Når verken Moses eller Josva tvilte, men bare handlet med troen, da kunne de dele Røde Havet, krysse Jordan Elven, og ødelegge veggene i Jeriko. Det er på samme måte når du sier til et fjell, "Opprot deg og kast deg inn i havet" og ha ingen tvil i ditt hjerte, men tro på at det du sier vil skje, da vil det skje.

Anta at du sa til Everest fjellet, "Gå og kast deg selv i det Indiske Hav." Ville du så motta svar på dine bønner? Det er en selvfølge at det hadde ville blitt et globalt kaos hvis Everest fjellet virkelig hadde blitt kastet inn i det Indiske hav. For det kan ikke skje og dette er heller ikke Guds vilje. Slike bønner vil ikke bli besvarte samme hvor mye du ber fordi Han vil ikke gi deg en åndelig tro hvor du kan tro på Ham.

Hvis du ber om å fullføre noe som går imot Guds vilje, vil du ikke kunne få en tro hvor du kan virkelig tro fra ditt hjerte. Du vil kanskje først tro at dine bønner vil bli besvart, men ettersom tiden går, vil tvilen vokse. Bare når vi ber og spør om ting ifølge Guds vilje uten noen som helst tvil, vil vi motta Hans svar. Så hvis dine bønner ikke har blitt svart ennå, må du innse at dette er på grunn av at du har spurt om noe som går imot Guds vilje eller at du har en feil på grunn av at du tviler eller at du tviler på Hans Ord.

1. Johannes 3:21-22 minner oss på, *"Mine kjære, dersom vårt hjerte ikke fordømmer oss, kan vi være frimodige overfor Gud. Og det vi ber om, får vi av Ham. For vi holder Hans bud og holder det som er godt i Hans øyne."*

Mennesker som adlyder Guds budskap og som gjør det som tilfredstiller Ham spør ikke etter ting som går imot Guds vilje. Vi kan motta alt det vi spør om så lenge våre bønner er ifølge Hans vilje. Gud forteller oss, *"Alle ting som du ber om og spør etter, som du tror at du har fått, de vil du få."*

Så for å kunne motta Guds svar, må du først motta den åndelige troen ifra Ham som den Han gir deg når du handler og lever ifølge Hans Ord. Når du ødelegger alle diskusjonene og spekulasjonene som har gått opp imot Guds kunnskap, da vil tvilen forsvinne og du vil kunne få en åndelig tro, og dermed motta alt det du spør om.

## 4. Alle tingene som du ber om og spør etter, tror på at du har mottat dem

4. Mosebok 23:19 minner oss på, *"Gud er ikke en mann som lyver, et menneske som skifter sinn. Gjør Han ikke det Han sier, holder Han ikke det Han har lovet?"*

Hvis du virkelig tror på Gud, spør med troen, og ikke tviler i det hele tatt, da må du tro at du har mottat alt det du har spurt om og bedt om. Gud er allmektig og trofast, og Han lover å svare oss.

Hvorfor er det så mange mennesker som så sier at de har mislykkes i å motta Hans svar uansett deres troende bønner? Er dette på grunn av at Gud ikke svarte dem? Nei. Gud har selvfølgelig svart på deres bønner, men bruker tiden fordi de ikke har forberedt seg selv til å bli skapninger som fortjener å få Hans svar.

Når en bonde sår frø, tror han at han vil høste frukt, men at han ikke kan høste frukten med det samme. Etter at frøene har blitt sådd, vil de spire, få knopper, blomstre, og så vil de bære frukt. Noen frø tar lenger tid før de får frukt enn andre. På samme måte vil også prosessen med å motta Guds svar kreve en slik såing og nærings prosess.

Forestill deg at en student ba, "Bevilg meg adgang til å studere ved Harvard Universitet." Hvis han ba ved troen på Hans makt, da vil Gud sikkert svare på studentens bønner. Men svaret på hans bønn vil kanskje ikke komme øyeblikkelig. Gud forbereder studenten til å vokse til en skapning som er riktig for Hans svar og Han vil senere svare på Hans bønner. Gud vil gi ham hjertet til å studere hardt og iherdig slik at han vil kunne utmerke seg godt på skolen. Når studenten fortsetter å be, da vil Gud fjerne de verdslige tankene fra sinnet hans og gi ham visdom og opplyse ham om å studere mere effektivt. Ifølge studentens gjerninger, vil Gud styre alle affærene i livet hans slik at de skal gå velvillig og utstyre studenten med kvalifikasjonene til å bli akseptert til Harvard, og når tiden kommer, da vil Gud tillate ham å komme inn til Harvard.

Den samme regelen gjelder mennesker som har fått en sykdom. Akkurat som de lærer gjennom Guds Ord hvordan sykdommer kommer og hvordan de kan bli helbredet, kan de også bli helbredet når de ber med troen. De må oppdage veggen med synden som står mellom seg selv og Gud og komme til bund av grunnen for sykdommen. Hvis sykdommen kom på grunn av hat, da må de først kaste vekk hatet og omgjøre deres hjerte til et elskelig hjerte. Hvis de fikk sykdommen på grunn av at de spiste for mye, da må de motta makten til selvbeherskelse og fikse deres farlige vane. Bare gjennom en slik prosess vil Gud gi menneskene tro som vi kan tro på og forberede dem til å bli riktige skapninger for å kunne motta Hans svar.

Å be for velstand for ens firma er ikke noe forskjellig ifra tilfellene ovenfor. Hvis dere ber for å motta velsignelser gjennom firmaene deres, da vil Gud først gi deg en prøve på om du er en skapning som er verdt Hans velsignelse. Han vil gi deg visdom og makt slik at din evne til å drive et firma blir mere atskilt, slik at ditt firma vil bli større, og slik at du vil bli ledet til en ypperlig situasjon om hvordan du kan drive ditt firma. Han vil føre deg til mennesker som du kan stole på, gradvis øke din inntekt, og utvikle ditt firma. Når tiden kommer for Hans valg, da vil Han svare akkurat som du har bedt.

Gjennom disse sående og pleiende prosessene, vil Gud lede sjelen din til å vokse og gi deg prøven om å gjøre deg til en skapning som kan verdig motta alt det du spør Ham om. Du må derfor aldri bli utålmodig basert på din egen tanke. Men du burde istedefor justere deg selv på Guds timetabell og vente på Hans tid, og ha troen om at du allerede har mottat Hans svar.

Den allmektige Gud, ifølge loven til det åndelige rike, svarer Hans barn i Hans rettferdighet og er tilfreds når de spør Ham med troen. Hebreerne 11:6 minner oss på at, *"Uten tro er det umulig å være til glede for Gud. For den som trer fram for Gud, må tro at Han er til, og at Han lønner den som søker Ham."*

Vil du tilfredstille Gud ved å ha den slags tro som du tror at du har allerede mottat alt det du har bedt om i bønner og gi stor ære til Ham ved å motta alt det du spør om, i Herrens navn jeg ber!

3. Kapittel

## Den Slags Bønner som Gud Liker

Så gikk Han [Jesus] ut
og tok veien mot Oljeberget som Han pleide,
og disiplene fulgte Ham.
Da Han var kommet fram til stedet der,
Sa Han til dem: "Be om at dere ikke må komme i fristelse!"

Han slet seg fra dem så langt som et steinkast,
falt på kne og ba: "Far, om du vil, så ta dette begeret fra Meg!
Men la ikke min vilje skje, men Din."
Da viste en engel ifra himmelen seg for ham og styrket Ham.
Og Han kom i dødsangst og ba enda mer inntrengende,
så svette falt som bloddråper ned på jorden.

Lukas 22:39-44

## 1. Jesus ga Dem et Eksempel På Riktige Bønner

Lukas 22:39-44 beskriver en scene hvor Jesus ba på Gethsemane natten før Han ba korset for å åpne veien til frelse for alle mennesker. Disse versene forteller oss mange sider av hva slags holdning og hjerte som vi burde ha når vi ber.

Hvordan ba Jesus slik at Han ikke bare bærte det tunge korset men også overvant fiende djevelen? Hva slags hjerte tok Jesus når Han ba slik at Gud ble tilfredstilt med Hans bønn og sendte ut en engel ifra himmelen til å styrke Ham?

Basert på disse versene, la oss forske på den riktige holdningen med bønner og den type bønn som tilfredstiller Gud, og jeg anbefaler dere alle til å gå gjennom deres eget liv med bønner.

### 1) Jesus ba iherdig

Gud ba oss om å be uten stopp (1. Tessalonikerne 5:17) og lovte at han ville gi oss når vi spurte Ham (Matteus 7:7). Delv om det er riktig å be hele tiden og spørre etter ting hele tiden. Vil de fleste mennesker bare be når de trenger noe eller når de har problemer?

Men fremdeles kom Jesus ut og fortsatte akkurat som Hans tradisjon var på Oljefjellet (Lukas 22:39). Profeten Daniel fortsatte å knele ned på knærne tre ganger om dagen, be og være takknemlig overfor hans Gud, akkurat som han hadde gjort det tidligere (Daniel 6:10), og to av Jesus' disipler satte til side en viss tid på dagen for å be (Apostlenes gjerninger 3:1).

Vi må følge Jesus' eksempel og utarbeide en vane ved å sette til side en viss tid og be hele tiden hver eneste dag. Gud er spesielt tilfredstilt med menneskenes bønner ved daggry hvor de gir alt til Gud i begynnelsen av hver eneste dag og kveldsbønner hvor de takker for Guds beskyttelse i løpet av dagen og på slutten av hver dag. Gjennom disse bønnene kan du motta Hans store makt.

### 2) Jesus knelte ned for å be

Når du kneler, vil hjertet som du ber med stå rett opp og du vil vise aktelse overfor menneskene som du snakker med. Det er bare naturlig for alle og enhver som ber til Gud å knele ned når han ber.

Guds Sønn Jesus ba med et ydmykende hjerte idet Han knelte ned for å be til den allmektige Gud. Kong Salomon (1. Kongebok 8:54), apostelen Paulus (Apostlenes gjerninger 20:36), og Diakon Steven som døde som en martyr (Apostlenes gjerninger 7:60) knelte alle sammen ned når de ba.

Når vi spør våre foreldre eller noen med myndighet om en tjeneste eller ting som vi gjerne vil ha, da blir vi nervøse og tar hver eneste varsomhet som mulig for å avverge oss selv fra å gjøre noe feil. Hvordan burde vi så vise opp skjødesløse i sinnet og kroppen hvis vi vet at vi prater med Gud Skaperen? Å knele ned er et uttrykk fra ditt hjerte som ærer Gud og som stoler på Hans makt. Vi må stelle på oss selv og ydmykende knele ned når vi ber.

### 3) Jesus' bønn var i overenstemmelse med Guds vilje

Jesus ba til Gud, *"Men la ikke min vilje skje, men din"* (Lukas 22:42). Guds Sønn Jesus kom hit til jorden for å dø på et tre kors selv om Han var uskyldig og uklanderlig. Det er på grunn av dette at Han ba, *"Far, hvis du er villig, fjern denne kopp ifra Meg."* (Lukas 22:42). Men Han kjente til Guds vilje som betydde å redde alle menneskene gjennom et individ, og ba ikke for Hans egen skyld, men bare ifølge Guds vilje.

1. Korinterne 10:31 forteller oss, *"Men enten dere spiser eller drikker, eller hva dere enn gjør, gjør alt til Guds ære."* Hvis vi spør etter noe som ikke er for Guds ære, men heller de sterke ønskene, da spør vi ikke etter riktige ønsker; vi må bare be ifølge Guds vilje. Gud forteller oss også videre å huske på det vi finner i Jakobs 4:2-3, *"Dere begjærer, men får ikke. Dere myrder og misunner, men oppnår ikke noe. Dere lever i strid og ufred. Dere har ikke, fordi dere ikke ber. Dere ber, men får ikke, fordi dere ber galt. Dere vil sløse det bort i nytelser."* Så vi trenger å se tilbake på om vi bare ber for vårt egen del.

### 4) Jesus kjempet i bønnene

I Lukas 22:44 kan vi finne ut av hvor alvorlig Jesus ba. *"Og siden Han hadde smerter ba Han veldig iherdig; og Hans svette ble akkurat som bloddråper, som falt ned på bakken."* Klimaet på Getsemane hvor Jesus ba kjølnet ned på kvelden slik at det ville blitt vanskelig å til og med svette. Kan du nå tenke deg hvor mye Jesus utmattet seg selv i alvorlighet og alvorlig bønn at Hans svette ble akkurat som dråper med blod som falt ned på bakken? Hvis Jesus hadde bedt stille, kunne Han da ha bedt så iherdig og svettet mens Han ba? Når Jesus ropte ut til Gud lidenskapelig og ærlig, ble Hans svette "akkurat som dråper av blod som falt ned på bakken."

I 1. Mosebok 3:17 forteller Gud Adam, *"Fordi du hørte på din hustru og åt av treet som Jeg forbød deg å ete av, skal jorden for din skyld være forbannet. Med møye skal du nære deg av den alle dine levedager."* Før menneskene ble forbannet, levde han et liv med overflod med alt det som Gud hadde gitt ham. Når han fikk synd gjennom hans ulydighet til Gud, ble det slutt på hans kommunikasjon med Skaperen, og bare gjennom smertefullt strev kunne han nå få mat.

Hvis det som er mulig for oss bare kan bli fått gjennom smertefullt strev, hva burde vi så gjøre når vi spør Gud etter noe som vi ikke selv kan gjøre? Husk på at vi kan bare motta det vi ønsker om ifra Gud når vi roper ut til Gud i bønn, gjennom smertefullt strev, og svette. Dere må ytterligere holde i tankene hvorfor Gud fortalte oss at smertefullt strev og anstrengelse var nødvendig for å innhøste frukt og hvordan Jesus selv strevde og kjempet i bønnen. Tenk på dette, gjør akkurat som Jesus gjorde, og be på en måte som er tilfredstillende til Gud.

Vi har opp til nå utforsket hvordan Jesus, Han som satte et eksempel med riktige bønner, ba. Hvis Jesus, Han som hadde all myndigheten, ba slik at Han satte et eksempel for oss, med hva slags holdning burde vi som bare er Guds skapninger be? Det ytre utseende og holdningen av ens bønn viser hans hjerte. Det er derfor også like viktig å vise med hvilket hjerte vi ber som det er å vise hvilken holdning vi ber med.

## 2. Grunnlaget til Den Type Bønner som Gud Liker

Med hva slags hjerte burde vi be slik at det er tilfredstillende til Gud og Han vil svare på vår bønn?

### 1) Du må be med hele ditt hjerte

Vi har lært gjennom den måten Jesus ba på at bønner ifra ens hjerte kommer ifra holdningen vi har når vi ber til Gud. Vi kan fortelle ifra holdningen, med hvilket hjerte vi ber.

Ta en titt på Jakobs bønn i 1. Mosebok 32. Med Jabbok elven foran dem, fant Jakob seg i en ubehagelig situasjon. Jakob kunne ikke gå tilbake fordi han hadde laget en avtale med hans onkel Laban at han ikke ville krysse grensen som var kalt Galeed. Han kunne ikke krysse Jabbok hvor hans bror Esau ventet på ham på den andre siden med 400 menn for å fange Jakob. Det var på en slik desperat tid når Jakobs stolthet og egoisme som han hadde stolt på ble fullstendig ødelagt. Jakob innså til slutt at bare når han ga alt det han hadde til Gud og lot Ham røre ved Han, kunne hans problemer bli løst. Idet Jakob kjempet i bønn helt til hans hofteledd brakk, fikk han til slutt svar ifra Gud. Jakob kunne nå røre ved Guds hjerte og forsone seg med hans bror som hadde ventet på å gjøre oppgjør med ham.

Se nærmere på 1. Kongeboken 18 hvor profeten Elias mottok Guds "glødende svar" og ga stor ære til Gud. Når idoltilbedingen vokste under Kong Ahabs regjering, kjempet Elias alene med 450 profeter fra Baal og seiret over dem ved å bringe Guds svar til isralittene og var vitne til den levende Gud.

Dette var på samme tiden som Ahab trodde at det var profeten Elias skyld at Israel hadde tørke i tre og et halvt år og lette derfor etter profeten. Men når Gud ba Elias om å gå til Ahab, da adlød profeten hurtig. Da profeten kom til kongen som hadde lett etter ham for å drepe ham, modig fortalte om det som Gud sa gjennom ham, og omgjorde alt med en troverdig bønn uten noen som helst tvil, begynte de som hadde tilbedt idoler å angre idet de gikk tilbake til Gud. Dessuten huket Elias seg ned på jorden og la ansiktet sitt mellom hans knær når han ærlig ba om å bringe ned Guds arbeide til jorden og slutte med tørken som hadde torturert landet i tre og et halvt år (1. Kongebok 18:42).

Vår Gud minner oss på i Esekiel 36:36-37, *"'Jeg, Herren, har talt og vil gjøre det.' Så sier HERREN GUD, 'Enda en bønn vil jeg høre og oppfylle for Israels ætt.'"* Med andre ord, selv om Gud har lovet Elias at Israel skal få mye regn, kunne regnet ikke ha kommet uten Elias alvorlige bønner ifra hans hjerte. Bønner ifra vårt hjerte kan virkelig røre ved og imponere Gud, som øyeblikkelig vil svare oss og tillate oss å gi Ham ære.

### 2) Dere må rope ut til Gud i bønn

Gud lover oss at Han vil høre på oss og møte oss når vi roper på Ham og komme og be til Ham og søke etter Ham med hele vårt hjerte (Jeremias 29:12-13; Salomos ordspråk 8:17). I Jeremias 33:3 lover Han oss også, *"Rop på Meg og Jeg vil svare dere, og Jeg vil fortelle dere store og mektige ting, som dere ikke kjenner til."* Grunnen til at Gud ber oss om å rope ut til Ham i bønn er fordi når vi roper høyt ut til Ham i bønn, vil vi kunne be med hele vårt hjerte. Med andre ord, når vi roper ut i bønn, vil vi bli kuttet vekk ifra de verdslige tingene, utmattet, og søvnig og våre egne tanker vil ikke få noe sted i vårt sinn.

Men det er fremdeles mange kirker i dag som tror på og lærer deres menighet at det er "gudfryktig" og "hellig" å være stille inne i kirken. Når noen brødre roper ut til Gud i en høy stemme, er resten av menigheten hurtig til å tenke at de ikke er riktige og at de til og med fordømmer slike mennesker som kjettere. Dette har imidlertid blitt gjort uten å kjenne til Guds Ord og Hans vilje.

Tidlige kirker, som var vitne til store åpenbaringer ifra Guds makt og oppvekkelse, kunne tilfredstille Gud i hele den Hellige Ånd idet de løftet stemmene deres til Gud med en overensstemmelse (Apostlenes gjerninger 4:24). Selv i dag kan vi se hvordan mangfoldige miraklende tegn og undere blir vist og hvordan de erfarer stor oppvekkelse i kirkene som roper ut til Gud i en høy stemme og følger og lever etter Guds vilje.

"Å rope ut til Gud" refererer til å be til Gud med en alvorlig bønn og med en høy stemme. Gjennom slike bønner, kan Kristus brødre og søstre bli fulle av den Hellige Ånd og, idet de forstyrrende maktene til fiende djevelen blir drevet vekk, kan de motta svar på bønnene deres og deres åndelige gaver.

I Bibelen er det mangfoldige tilfeller hvor Jesus og mange av troens forfedre ropte ut til Gud i en høy stemme og mottok svarene Hans.

La oss undersøke et par eksempler i det Gamle Testamentet.

I 2. Mosebok 15:22-25 er det en scene hvor isralittene, etter at de har forlatt Egypt mye tidligere, har akkurat krysset Røde havet sikkert gående etter at Moses tro hadde delt den. For isralittenes tro var liten, men de klaget til Moses når de ikke kunne finne noe å drikke idet de krysset Ørkenen Shur. Når

Moses "ropte ut" til Gud, ble det sure vannet i Marah omgjort til søtt vann.

I 4. Mosebok 12 er det en scene hvor Moses søster Miriam ble spedalsk etter at hun hadde imotsatt seg ham. Når Moses ropte ut til Gud, og sa, *"Å Gud, vil Du gjøre henne frisk!"* (vers 13). Gud helbrerte Miriam av hennes spedalskhet.

I 1. Samuel 7:9 leser vi, *"Da tok Samuel et ungt lam og offret det som heloffer til Herren. Han ropte til Herren for Israel, og Herren svarte ham."*

1. Kongeboken 17 er en fortelling om en Sarepta enke som viste Elias Guds tjeners gjestfrihet. Når sønnen hennes ble syk og døde, ropte Elias på Gud og sa, *"Å, Herre, min Gud, jeg ber til deg om at dette barnet skal få sitt liv tilbake."* Gud hørte stemmen til Elias, og barnet fikk livet sitt tilbake og han våknet opp (1. Kongebok 17:21-22). Når Gud hørte Elias gråte, finner vi ut av at Gud svarte på profetens bønner.

Jonas som hadde blitt svelget av og fanget inne i en stor fisk på grunn av hans ulydighet til Gud, ble også frelset idet han ropte ut til Gud i bønn. I Jonas 2:2 finner vi ut av at når han ba, *"Jeg kalte på HERREN i min nød, og Han bønnhørte meg. Jeg ropte fra dødsrikets dyp, og du hørte min røst."* Gud hørte hans gråt og reddet ham. Samme hvilken situasjon som vi finner oss selv i og som vil bli like fryktelig og stressende som den til Jonas, Gud vil gi oss vårt hjertes ønske, svare oss, og gi oss løsninger på problemer når vi angrer på våre feilgrep i Hans øyne og gråter ut til Ham.

Det Nye Testamentet er også fylt med scener hvor mennesker ropte ut til Gud.

I Johannes 11:43-44 finner vi at Jesus ropte ut med en høy røst, *"Lasarus, kom hit,"* og den mannen som hadde dødd kom frem, med bundne hender og innpakkede føtter, og ansiktet hans hadde blitt innpakket med en fille. Det ville ikke ha vært noe forskjell for den døde Lasarus om Jesus hadde ropt ut i en høy stemme eller hvisket til ham. Men fremdeles ropte Jesus ut til Gud med en høy røst. Jesus brakte Lasarus, som hadde ligget i en grav i 4 dager, tilbake til livet ved Hans bønner ifølge Guds vilje og viste alle Guds ære.

Markus 10:46-52 forteller oss om en blind tigger ved navnet Bartimeus:

> *"De kom til Jeriko, og da Jesus dro ut av byen sammen med disiplene og en stor folkemengde, satt en blind mann ved veien og tigget. Han het Bartimeus, sønn av Timeus. Da han hørte at det var Jesus fra Nasaret som kom, satte han i å rope: "Jesus, du Davids sønn, forbarm Deg over meg!" Mange snakket strengt til ham og ba ham tie, men han ropte bare enda høyere. "Du Davids sønn, forbarm Deg over meg!" Da stanset Jesus og sa: "Be ham komme*

*hit." De ropte på den blinde og sa til ham: "Vær ved godt mot! Reis deg! Han kaller på deg." Mannen kastet kappen av seg, sprang opp og kom til Jesus. "Hva vil du Jeg skal gjøre for deg?" spurte Jesus. Den blinde svarte: "Rabbuni, la meg få synet igjen!" Da sa Jesus til ham: "Gå du, din tro har frelst deg." Straks kunne han se, og han fulgte Jesus på veien."*

I Apostlenes gjerninger 7:59-60, idet Diakon Steven ble steinet til han døde som en martyr, kalte han på Herren og sa, *"Herre, Jesus, motta min ånd!"* Når han så falt ned på knærne, skrek han ut med høy stemme, *"Herre, hold ikke denne synden imot dem!"*

Og det har blitt vist i Apostlenes gjerninger 4:23-24; 31, *"Når de [Peter og Johannes] hadde blitt løslatt, dro de til deres egne venner og fortalte dem alt det som øversteprestene og de eldre hadde sagt til dem. Da de andre hørte det, ba de til Gud med et sinn og en stemme. Da de hadde bedt, skalv stedet der de var samlet. De ble alle fylt av den Hellige Ånd og talte Gud ord med frimodighet."*

Når du roper ut til Gud, da kan du bli et sant vitne for Jesus Kristus og åpenbare makten til den Hellige Ånd.

Gud ba oss om å rope ut til Ham selv når vi faster. Hvis vi bruker mye av vår faste tid på å sove på grunn av utmattelse, da vil vi ikke få noe svar ifra Gud. Gud lover i Esaias 58:9, *"Da vil du rope, og HERREN vil svare; Du vil gråte, og Han vil si,*

*'Her er Jeg.'"* Ifølge Hans løfte, vil nåde og makt komme ned til oss og vi vil seire og motta Guds svar, hvis vi roper ut når vi faster.

Med "Lignelsen av den Standhaftige Enken," spurte Jesus oss retorisk, *"Skulle ikke da Gud hjelpe sine utvalgte til deres rett, de som roper til Ham dag og natt? Er Han sen til å hjelpe dem?"* (Lukas 18:7).

Og derfor akkurat som Jesus forteller oss i Matteus 5:18, *"Sannelig, jeg sier dere: Før himmel og jord forgår, skal ikke den minste bokstav eller en eneste prikk i loven forgå – før alt er skjedd,"* Når Guds barn ber, er det bare naturlig for dem å rope ut i bønner. Dette er Guds befaling. For Hans lov sier at vi skal spise frukten som vi har arbeidet for, vi kan motta Guds svar når vi roper på Ham.

Noen mennesker vil kanskje svare skarpt tilbake, og basere deres påstander på Matteus 6:6-8, og spørre, "Må vi rope ut til Gud når Han allerede vet hva vi trenger før vi i det hele tatt spør?" eller "Hvorfor rope ut når Jesus sa at vi måtte be i hemmelighet på rommet mitt med døren lukket?" Og du vil fremdeles ikke finne noe sitat i Bibelen som refererer til menneskenes beding i hemmelighet i deres egne roms bekvemmeligheter.

Den virkelige meningen med Matteus 6:6-8 er å anbefale oss om å be med hele vårt hjerte. Gå inn i ditt innerste rom og lukk døren bak deg. Hvis du var i et rom som var privat og stille med døren lukket, vil du ikke bli avbrutt fra alle de utvendige kontaktene? Akkurat som når vi blir avbrutt fra all utvendig tilgang i våre egne rom med døren lukket, forteller Jesus oss i Matteus 6:6-8 at vi må avbryte oss selv ifra våre egne tanker, verdslige tanker, engstelser, bekymringer, og liknende, og be med hele vårt hjerte.

Jesus fortalte også denne fortellingen som en lærepenge for mennesker slik at de kan vite at Gud ikke hører på bønnene til Fariseerne og prestene, som under Jesus' tid ba med høy røst slik at han kunne bli lovprist og sett av andre. Vi burde ikke bli stolte av hvor mye vi ber. Istedenfor burde vi kjempe i vår bønn med hele vårt hjerte til Ham som søker etter våre hjerter og sinn, til den Allmektige som kjenner alle våre behov og ønsker, og Den som er vår "alt i alt."

Det er vanskelig å be med hele vårt hjerte gjennom stille bønner. Prøv å be ved å meditere med dine øyne lukket på kvelden. Du vil ganske snart finne ut av at du vil kjempe imot tretthet og verdslige tanker, istedenfor å be. Når du blir trett av å kjempe mot søvnen, vil du sovne før du vet ordet av det.

Istedenfor å be lydløst i et stille rom, *"På denne tiden gikk Han en gang opp i fjellet for å be, og hele natten var Han der i bønn til Gud"* (Lukas 6:12) og *"Tidlig neste morgen, mens det ennå var mørkt, sto Jesus opp, gikk ut og dro til et øde sted og ba der"* (Markus 1:35). I Hans værelse på taket hadde Profeten

Daniel vinduer åpne mot Jerusalem, og han fortsatte å knele ned tre ganger på dagen, be og takke hans Gud (Daniel 6:10). Peter dro opp til taket for å be (Apostlenes gjerninger 10:9), og apostelen Paulus dro på utsiden av porten til en elvebredde, hvor han trodde det var et sted hvor han kunne be mens han oppholdt seg i Filippi (Apostlenes gjerninger 16:13; 16). Disse menneskene utpekte spesielle steder for å be fordi de ville be med hele deres hjerte. Du må be på en måte hvor dine bønner kan komme igjennom makten av fiende djevelen, lederen av luftens kongedømme og hvor du kan komme til tronen ovenpå. Bare da vil du bli fylt med den Hellige Ånd, få dine fristelser fjernet, og motta svar på alle dine problemer store eller små.

### 3) Din bønn må ha en hensikt

Noen mennesker vil kanskje plante trær for tømmer. Andre vil plante trær for frukt. Og det er fremdeles andre som vil plante trær for å bruke treet til å lage en vakker have. Hvis en plantet trærne uten noen spesiell grunn, vil han kanskje forsømme trærne hans før ungtrærne vokser opp høye og gamle fordi han kan bli opptatt med hans andre arbeid.

Å ha et klart formål i ethvert forsøk driver frem dette forsøket og bringer hurtigere og bedre resultater og prestasjoner. Men uten en klar hensikt, vil et forsøk kanskje ikke kunne motstå selv et lite hinder, fordi det bare er tvil og resignasjon uten noe som helst kontroll.

Vi må ha et klart grunnlag når vi ber til Gud. Vi har blitt lovet ifra Gud at vi kan motta alt det vi spør om når vi er selvbevisste foran Ham (1. Johannes 3:21-22), og når grunnen til vår bønn er klar, da kan vi be alvorligere med større iherdighet. Vår Gud vil når Han ser at det ikke er noe en kan fordømme i hjertene våres, gi oss alt det vi trenger. Vi må alltid tenke på grunnen til bønnen vår og kunne be på en måte som er tilfredstillende til Gud.

### 4) Du må be med troen

Troens nivå varierer for hver eneste person, alle mennesker vil motta Guds svar ifølge hans eller hennes tro. Når folk først aksepterer Jesus Kristus og åpner opp hjertene deres, vil den Hellige Ånd komme for å bosette seg i dem og Gud vil bekrefte at de er Hans barn. Det er på denne tiden de har tro på størrelsen med et sennepsfrø.

Når de holder Herrens Dag hellig og fortsetter med å be, kjemper for å holde på Guds befalinger og leve etter Hans Ord, da vil troen deres vokse. Men når de møter fristelser og lidelser før de står fast på troens klippe, da vil de kanskje betvile Guds makt og til tider bli gjort motløse. Men så fort de står på troens klippe, vil de ikke falle inn i noen som helst omstendigheter, men se troende på Gud og fortsette og be. Gud ser en slik tro, og Han vil arbeide for det gode til de som elsker Ham.

Idet de ber mer og mer vil de kjempe imot synden med

makten ovenifra og de vil ligne vår Herre. De vil ha en klar ide på vår Herres vilje og adlyde den. Dette er troen som er tilfredstillene til Gud og de vil motta alt det de spør om. Idet menneskene ankommer på et slikt nivå av troen, vil de erfare det løfte som har blitt funnet i Markus 16:17-18, og si, *"Og disse tegnene skal følge dem som tror: i Mitt navn skal de drive ut onde ånder, de skal tale nye tungemål, og de skal ta slanger i hendene. Om de drikker dødelig gift, skal det ikke skade dem, og når de legger hendene på syke, skal de bli friske."* Mennesker med mye tro vil motta svar ifølge hvor mye tro de har, og mennesker med liten tro vil også motta svarene ifølge deres tro.

Det er "selvopptatt tro" som du kan ha på egen hånd, og "tro ifra Gud." "Selvopptatt tro" er ikke i overensstemmelse med ens gjerning, men en tro som vi har fått ifra Gud er en åndelig tro som alltid er forbundet med en gjerning. Bibelen forteller oss at troen er sikkerheten med ting som vi håper for (Hebreerne 11:1), men "selvopptatt tro" er ikke en visshet. Selv om en kanskje vil ha troen til å dele Røde havet og flytte et fjell, har han ingen visshet for Guds svar med den "selvopptatte troen."

Gud gir oss "levende tro" som er forbundet med gjerninger når vi, ifølge vår egen tro på Ham, adlyder, viser vår tro med gjerninger, og ber. Når vi viser Ham troen som vi allerede har, vil denne troen bli kombinert med den "levende troen" som Han gir oss i tillegg, som vil bli en stor tro hvor vi kan motta Guds svar uten utsettelse. Til tider erfarer mennesker ubestridelig sikkerhet med Hans svar. Dette er troen som de har fått ifra Gud og hvis mennesker har en slik tro, da har de allerede mottat svarer deres.

Uten å derfor tvile selv litt, må vi plasere vår tillit i Jesus løfte som Han ga oss i Markus 11:24, *"Derfor sier Jeg dere: Alt det dere ber om i bønnene deres, tro at dere har fått det, og dere skal få det."* Og vi må be til vi bli sikre på Guds svar, og motta alt det vi spør om i bønnen (Matteus 21:22).

### 5) Du må be med kjærligheten

Hebreerne 11:6 forteller oss, *"Uten tro er det umulig å være til glede for Gud. For den som trer fram for Gud, må tro at Han er til, og at Han lønner den som søker Ham."* Hvis vi tror at alle bønnene våre vil bli besvart og blir oppbevart som våres himmelske belønninger, kan vi ikke se på beding som kjedelig eller vanskelig.

Akkurat som Jesus kjempet i bønner for å gi liv til menneskene, hvis vi ber med kjærlighet for andre sjeler, da kan vi også be ærlig. Hvis du kan be med en alvorlig kjærlighet for andre, da betyr dette at du kan sette deg selv i deres sted og se på deres problemer som deres egne, og dermed bare ivrig be mere.

Hva hvis du for eksempel ber om oppbyggelsen av din kirkes

sanktuarium. Du må be med det samme hjertet som du ville be for oppbyggelsen av ditt eget hus. Akkurat som du ville spørre om i detaljer for landet, arbeiderne, materialene, og det samme som for ditt eget hus, må du også her spørre etter hvert eneste element og forhold som er nødvendig for oppbyggelsen av sanktuariumet i detaljer. Hvis du ber for en pasient, må du sette deg selv i hans sko og kjempe i bønn med hele ditt hjerte som om hans smerte og lidelse var din egen.

For å kunne motta Guds vilje, knelte Jesus seg ned og kjempet i bønner med Hans kjærlighet for Gud og Hans kjærlighet for alle mennesker. Som et resultat, åpnet veien til frelse seg og alle de som aksepterte Jesus Kristus kan nå bli tilgitt hans synder og nyte myndigheten som han er berettiget til som Guds barn.

Basert på den måten som Jesus ba og vesentlighetene med bønnene som Gud var tilfredstilte med, må vi undersøke vår holdning og hjerte, be med en egensindighet og et hjerte som tilfredstiller Gud, og motta alt det vi spør Ham om i bønner.

## 4. Kapittel

## At du ikke må komme inn i fristelse

Da Han kom tilbake til disiplene og fant dem sovende,
sa Han til Peter:
"Så klarte dere ikke å våke med Meg en eneste time?
Våk og be at dere ikke må komme inn i fristelse;
Ånden er villig, men kroppen er svak."

Matteus 26:40-41

## 1. Bønneliv: Vårt Ånds Ånde

Vår Gud lever, overser menneskets liv, død, forbannelse, og velsignelse, og kjærlighet, rettferdighet, og godhet. Han vil ikke at Hans barn skal falle inn i fristelse eller møte lidelser, men lede et liv som er fylt med velsignelser. Det er derfor Han har sendt Rådgiveren den Hellige Ånden hit til jorden for å hjelpe Hans barn overvinne denne verden, drive vekk fiende djevelen, lede friske og lykkelige liv, og til slutt få frelse.

Gud lover oss i Jeremias 29:11-12, *"For jeg vet hvilke tanker jeg har med dere, sier Herren, fredstanker og ikke ulykkestanker. Jeg vil gi dere fremtid og håp. Når dere kaller på Meg og kommer til Meg med deres bønner, vil Jeg høre på dere."*

Hvis vi skal leve dette livet i freden og håpet, da må vi be. Hvis vi ber hele tiden i løpet av vårt liv i Kristus, da vil vi ikke bli fristet, vår sjel vil blomstre, det som virker "umulig" vil bli "mulig," alle affærene i livet vil gå godt, og vi vil nyte god helse. Men hvis Guds barn ikke ber, vil vi møte fristelser og ødeleggelser, for vår fiende djevelen streifer rundt omkring som en brølende løve som leter etter noe å spise.

Akkurat som livet stopper hvis vi ikke puster hver dag, kan vi ikke si nok om hvor viktig bønnene er i livene til Guds barn. Det er derfor Gud ber oss om å be uten stopp (1. Tessalonikerne 5:17), minner oss om at det er en synd når vi mislykkes med å be

(1. Samuel 12:23), og lærer oss å be slik at vi ikke ender inn i fristelse (Matteus 26:41).

Nye troende som nettop har akseptert Jesus Kristus for første gang har det med å finne det vanskelig med å be fordi de ikke vet hvordan de skal be. Vår døde ånd er født på nytt når vi aksepterer Jesus Kristus og mottar den Hellige Ånd. Det åndelige forholdet på denne tiden er som et spedbarn; det er vanskelig å be.

Men hvis de ikke gir opp men fortsetter med å be og lage brød av Guds Ord, deres ånd blir sterkere og deres bønner blir sterkere. Akkurat som mennesker ikke kan leve uten å puste, begynner de å innse at de ikke kan leve uten å be.

I min barndom var det barn som kjempet mot hverandre for å se om hvem som kunne holde pusten lengst. To barn ville sitte mot hverandre samtidig og puste dypt. Når et annet barn sier "Klar~" da puster begge barna inn så mye de kan. Når "dommeren" roper "Begynn!" med et ansiktsuttrykk som er fyllt med besluttsomhet, holder de to barna pusten deres.

Å holde pusten er først ikke altfor vanskelig. Men ettersom tiden går, vil barna føle seg kvalt idet ansiktene deres blir glodrøde. Helt til slutt kan de ikke holde pusten deres lenger og må til slutt begynne å puste igjen. Ingen kan leve hvis han slutter å puste.

Det er det samme med bønner. Når et åndelig menneske stopper å be, ser han ikke først stor forandring. Men ettersom tiden går, begynner hans hjerte å bli motløst og ulykkelig. Hvis vi kunne se hans ånd med øynene våres, vil det være like før denne ånden vil bli kvalt. Hvis han innser at alt dette er på grunn av at han stoppet å be og fortsetter å be, da kan han lede et normalt liv i Kristus igjen. Men hvis vi skulle fortsette å være syndige med å ikke be, vil hans hjerte bare føle seg mer og mer elendig og stressende, og han vil holde ut at mange sider av hans liv vil gå på snei.

"Ta en pause" fra å be er ikke Guds vilje. Akkurat som vi snapper etter pusten helt til vårt åndedrag blir normalt igjen, er det mye vanskeligere å gå tilbake til det vanlige bedelivet som vi før hadde hatt og det vil bare ta mye lenger tid. Jo lenger "pausen" har vart, jo lenger tar det å komme seg tilbake til ditt bedeliv.

Mennesker som innser at bønner er pusten av åndene deres ser ikke på beding som vanskelig. Hvis de har bedt iherdig på samme måte som de puster in og ut, istedenfor å se på bønner som anstrengende eller vanskelig blir de mere fredfulle, få mer håp, og mere glede i livet enn å ikke be. Dette er på grunn av at de mottar Guds svar og gir Ham ære like mye som de ber.

## 2. Grunner for at Fristelser Kommer Over Mennesker Som Ikke Ber

Jesus ga oss et eksempel med bønner og fortalte Hans disipler å betrakte og be slik at de ikke ville falle inn i fristelse (Matteus 26:41). Dette betyr på den annen side at hvis vi ikke ber hele tiden, vil vi falle inn i fristelse. Hvorfor får så mennesker som ikke ber fristelse?

Gud skapte det første mennesket Adam, gjorde ham til et levende menneske, og tillot ham å kommunikere med Gud som er Ånden. Etter at Adam spiste ifra treet med kunnskapen av godt og ondt og var ulydig imot Gud, døde Adams ånd, hans kommunikasjon med Gud ble brutt, og han ble drevet ut ifra Edens have. Idet fiende djevelen, herren over luftens kongedømme, fikk kontroll over mennesket som ikke lenger kunne kommunisere med Gud som er Ånden, druknet mennesket gradvis bare mere i synden.

For lønningen av synden er døden (Romerne 6:23), Gud viste Hans forsyn om frelse gjennom Jesus Kristus for alle mennesker som hadde fått døden. Gud forsegler som Hans barn alle som aksepterer Jesus som hans Frelser, tilstår at han er en synder, og angrer, og som et tegn på bekreftelse gir Gud ham den Hellige Ånd.

Rådgiveren den Hellige Ånd som Gud sendte, dømmer verden skyldig når det kommer til synden og rettferdigheten og dommen (Johannes 16:8), megler for oss med grynting som ord ikke har uttrykk for (Romerne 8:26), og gjør det mulig for oss å seire over verden.

For å kunne bli fyllt med den Hellige Ånd og motta Hans

ledelse, er det fullstendig nødvendig med bønner. Bare når vi ber vil den Hellige Ånd prate med oss, røre ved våre hjerter og sinn, advare oss om truende fristelser, fortelle oss om veier vi kan unngå slike fristelser, og hjelpe oss å seire over fristelser selv om de kommer vår vei.

Men hvis vi ikke ber kan vi ikke på noen måte se forskjell på viljen til Gud og menneskets vilje. Mens en jakter på verdslige ønsker, vil mennesker uten et rutinelig bønneliv leve ifølge deres gamle vaner og gå etter det som er riktig ifølge deres selvgodhet. Fristelser og lidelser er derfor gitt idet de møter alle slags vanskeligheter.

I Jakobs 1:13-15 leser vi, *"Ingen som blir fristet, må si: 'Det er Gud som frister meg.' For Gud frister ikke av det onde, og selv frister Han ingen. Den som blir fristet, lokkes og dras av sin egen lyst. Når lysten er blitt svanger, føder den synd, og når synden er moden, føder den død."*

Fristelser kommer med andre ord over mennesker som ikke ber fordi de mislykkes i å se forskjell på Guds vilje og menneskets vilje, de blir lokket av deres verdslige ønsker, og lider av vanskeligheter fordi de ikke kan overvinne fristelsene. Gud vil gjerne at alle Hans barn skal lære å være fornøyd samme hvilken situasjonen det er, hva det betyr å trenge og hva det er å ha overflod, og lære hemmeligheten med å bli fornøyd i alle og enhver situasjon, om vi er mette eller sultne, om vi lever i overflod eller med mangel (Filipperne 4:11-12).

Men de verdslige begjærene formulere og føder synden, og syndens lønning er døden, og Gud kan ikke beskytte menneskene som fortsetter å synde. Like mye som mennesker har syndet, vil fiende djevelen bringe dem tider med fristelse og lidelse. Noen mennesker som har fallt inn i fristelser skuffer Gud når de påstår at Gud kastet dem inn i fristelser og skubbet dem inn i lidelse. Men dette er handlinger hvor en er misunnelige på Gud og slike individer kan ikke seire over fristelsene og vil ikke sette til side noe plass til Gud for deres egen del.

Gud befaler oss derfor om å ødelegge spekulasjonene og hver eneste nedlatende ting som har blitt reist opp imot Guds kunnskap og holde hver eneste tanke fange for å adlyde Kristus (2. Korinterne 10:5). Og Han minner oss om i Romerne 8:6-7, *"For det kjøttet vil, er død, men det Ånden vil, er liv og fred. Derfor er det som kjøttet vil, fiendskap mot Gud, for det bøyer seg ikke under Guds lov og kan heller ikke gjøre det"* (Romerne 8:6-7).

Mesteparten av informasjonen som vi har lært og oppbevart i vårt sinn som "riktig" før vi møter Gud har blitt sett på som falskt i sannhetens lys. Så vi kan fullstendig følge Guds vilje når vi ødelegger alle teoriene og de kjødelige tankene. Hvis vi også vil ødelegge diskusjonene og hver eneste fordring og adlyde sannheten, da må vi be.

Noen ganger irettesetter kjærlighetens Gud Hans elskede

barn slik at de ikke kan gå ned veien mot ødeleggelse og tillater dem fristelser slik at de kan angre og omvende seg ifra der de er. Når mennesker undersøker seg selv og angrer på alt inne i seg selv som ikke er riktig i Guds øyne, fortsett å be, se på den som i alle ting arbeider for det gode til de som elsker Ham, og vær alltid lykkelig. Gud vil da se deres tro og sikkert svare dem.

### 3. Ånden er Villig men Kjøttet er Svakt

Natten før Han ble hengt på korset, dro Jesus med Hans disipler til et sted som ble kalt Getsemane og kjempet i bønn. Når Han fant Hans disipler sovende, sørget Jesus og sa, *"Ånden er villig, men kjøttet er svakt"* (Matteus 26:41).

I Bibelen er det beskrivelser som "kjøtt," "de kjødelige tingene," og "kjøttets gjerninger." På den ene siden, er "kjøttet" i motsetning til "ånden" og refererer generelt til alt det som er korrupt og forandringer. Det refererer til enhver situasjon, inkludert mennesket før de ble omgjort av sannheten, plantene, alle dyrene, og liknende. På den annen side, "ånd" refererer til ting som varer i evigheter, som er sannferdige, og som ikke forandrer seg.

Siden Adams ulydighet, har alle mennesker blitt født med en arvende syndig natur, og dette er den originale synden. "Selvforskyldte synder" er usanne gjerninger som har blitt begått ved oppfordring av fiende djevelen. Mennesker blir "kjødelige" når usannheten har svertet hans kropp og kroppen har kommet sammen med den syndige naturen. Det er dette Romerne 9:8 forteller "de kjødelige barna." Verset sier, "Det betyr: Det er ikke de som er hans barn av kjøtt og blod, som er Guds barn. Bare dem som er barn ut fra løftet, regner ham som Abrahams ætt." Og Romerne 13:14 advarer oss, *"Men kle dere i Herren Jesus Kristus, og vær ikke så opptatt av kroppen at det vekker begjær."*

*"De kjødelige tingene"* er også en kolleksjon av slike forskjellige syndige egenskaper som bedrageri, misunnelse, sjalusi, og hat (Romerne 8:5-8). De har ennå ikke laget fysiske vanskeligheter, men vil kanskje bli fremkalt til å handle. Når disse ønskene blir satt i kraft, kan de bli referert til som *"de kjødelige tingene"* (Galaterne 5:19-21).

Hva mente Jesus med "kroppen er svak"? Refererte Han til Hans disiplers fysiske tilstand? Som forhenværende fiskere, var Peter, Jakob, og Johannes ved livets høydepunkt og med en utrolig god helse. For mennesker som hadde brukt mange netter med å fiske, var det ikke vanskelig å holde seg våken et par timer. Men selv om Jesus ba dem om å holde seg der og vokte for Ham, klarte ikke de tre disiplene å be, men endte opp med å sovne. De hadde kanskje gått til Getsemane for å be med Jesus, men dette hadde bare vært et ønske i hjertet deres. Når Jesus fortalte dem at kroppen deres var "svak," mente Han istedenfor at de tre mennene ikke kunne gå imot lysten til kjøttet som fristet dem til å sove og hvile.

Peter som var en av Jesus' elskede disipler kunne ikke be fordi hans kjøtt var svakt selv om hans ånd var villig, og når Jesus ble fanget og de truet livet Hans, nektet han tre ganger at han kjente Jesus. Dette fandt sted før Jesus' oppstandelse og oppstigelse til himmelen, og Peter ble fanget i en dyp frykt uten at han hadde mottat den Hellige Ånd. Men etter at Peter mottok den Hellige Ånd, brakte han de døde tilbake til livet, åpenbarte miraklende tegn og undere, og vokste seg modig nok til å bli korsfestet opp ned. Spor av Peters svakhet kunne ikke bli funnet noen steder idet han ble omgjort til en modig apostel for Guds makt som ikke var redd for døden. Dette er på grunn av at Jesus mistet Hans vidunderlige, uflekkede, og uklanderlige blod og reddet oss ifra våre skrøpeligheter, fattigdom, og svakheter. Hvis vi lever med troen, i lydighet til Guds Ord, vil vi nyte god helse i både kropp og ånd, og kunne gjøre det som er umulig for mennesket, og alt vil så bli mulig for oss.

Men noen ganger når mennesker begår synder, er de hurtige med å si "kroppen er svak" istedenfor å angre, og tenke at det er naturlig å synde. Slike mennesker utstøter slike ord fordi de ikke kjenner til sannheten. Anta at faderen ga hans sønn N.Kr 6.000. Hvor tåpelig ville det ikke ha vært hvis sønnen hadde puttet pengene i hans lomme og sagt til hans far, "Jeg har ingen penger; ikke engang et øre"? Hvor frustrerende ville det ikke være for hans faders sønn – fremdeles med N.Kr. 6.000 i hans lomme – sulter seg selv uten å kjøpe noe mat? Så for de av oss som derfor har mottat den Hellige Ånd, og sier at "kroppen er svak", de er derfor oksymoron.

Jeg har sett mange mennesker som før gikk til sengs klokken 22:00 på kvelden, og som nå var med på "Fredagens overnattings gudstjeneste" etter at de ba og mottok hjelpen fra den Hellige Ånd. De blir ikke trette eller søvnige og gir hver eneste fredag natt til Gud i fullheten av den Hellige Ånd. Dette er på grunn av at menneskenes åndelige øyne har blitt skarpere i fullheten av den Hellige Ånd, deres hjerter overflyter av lykke, de føler seg ikke trette, og kroppene deres føler seg lettere.

For vi lever i tiden til den Hellige Ånd, vi må aldri mislykkes i å be eller begå en synd fordi "kjøttet er svakt." Istedenfor må vi motta hjelpen ifra den Hellige Ånd og kaste vekk tingene og de kjødelige gjerningene og lignende, og ivrig leve vårt liv i Kristus ved å hele tiden leve ifølge Guds vilje for oss, ved å holde oss selv vaktsomme og be hele tiden.

## 4. Velsignelser for Menneskene som Holder Seg Selv Vaktsomme og som Ber

1. Peters 5:8-9 forteller oss, *"Vær edru og våk! Deres motstander, djevelen, går omkring som en brølende løve for å finne noen å sluke. Stå ham imot, faste i troen! Dere vet jo at*

*deres søsken rundt om i verden må gjennomgå de samme lidelsene."* Fienden Satan og djevelen, herskeren av luftens kongedømme, prøver å friste de som tror på Gud til å komme seg på villspor og forhindre at Hans folk har tro til enhver tid.

Hvis noen vil grave opp et tre, vil han først prøve ved å riste det. Hvis stammen er stor og tykk og treet har for lange røtter i bakken, vil han gi opp og prøve å riste i et annet tre. Når det virker som om det andre treet kan bli dratt opp med røttene lettere enn det første, vil han bare bli mere bestemt på å gjøre det og riste treet bare hardere. På samme måte vil fiende djevelen som prøver å friste oss også bli drevet vekk hvis vi forholder oss sterke. Men hvis vi bare blir litt ustøe, da vil fiende djevelen bare fortsette med å bringe oss fristelser for å slå oss ned.

For å kunne anerkjenne og ødelegge fiende djevelens onde planer og spasere i lyset ved å leve ifølge Guds Ord, må vi kjempe i bønner og motta den styrken og makten som kommer ovenifra ifra Gud. Jesus, Guds Eneste Sønn kunne fullføre alt ifølge Guds vilje på grunn av bønnenes makt. Før Han begynte Hans offentlige prestetjeneste, forberedte Jesus Seg selv ved å faste i førti dager og førti netter, og gjennom Hans tre-år lange prestetjeneste åpenbarte Han utrolige arbeider med Guds makt ved å be iherdig og ustanselig. På slutten av Hans offentlige prestetjeneste, kunne Jesus ødelegge dødens myndighet og seire over ting gjennom oppstandelse fordi Han kjempet i bønn på Getsemane. Det er derfor Herren anbefalte oss om å *"Dere skal ofre dere til bønner, holde dere vakte med en takknemlig innstilling"* (Kolosseerne 4:2), og *"Slutten på alt nærmer seg; og dere må derfor ha en sikker dømming og rolig ånd for bønnenes skyld"* (Peters 1. brev 4:7). Han lærte oss også å be, *"Og led oss ikke inn i fristelse, men frels oss fra det onde"* (Matteus 6:13). Å hindre oss selv fra å falle inn i fristelser er utrolig viktig. Hvis du faller inn i fristelse, betyr dette at du ikke har seiret over det, blitt trette av det, og krøpet tilbake i troen din – hvor Gud ikke er tilfredstilt med noen av dem.

Når vi holder oss selv på vakt og ber, da vil den Hellige Ånd lære oss å spasere på den riktige veien og vi vil kjempe mot og kaste vekk våre synder. Vårt hjerte vil dessuten likne hjertet til Herren, vi vil gjøre det godt i hver eneste hendelse i livet, og vi vil motta velsignelsen med god helse like mye som vår sjel vokser.

Bønner er en nøkkel til å kunne ha alt i livet vårt gå godt og motta velsignelse med god helse i kroppen og ånden. Vi har blitt lovet i 1. Johannes 5:18, *"Vi vet at ingen som har blitt født i Gud synder. For Han som er født av Gud, bevarer ham, så den onde ikke kan røre ham."* Det er derfor vi vil bli holdt i sikkerhet ifra fiende djevelen når vi holder oss selv oppmerksomme, ber, og spaserer i lyset. Og selv om vi faller inn i fristelse, vil Gud vise oss måter å flykte ifra alt, på alle måter, arbeide for det gode i de som elsker Ham.

For Gud ba oss om å be hele tiden, bli Hans velsignede barn som leder våre liv i Kristus ved å holde oss selv vaktsomme, drive vekk fiende djevelen, og motta alt det som Gud akter å velsigne oss med.

I 1. Tessalonikerne 5:23 finner vi, *"Må Han, fredens Gud, hellige dere helt igjennom, og må deres ånd, sjel og kropp bli bevart uskadet, så dere ikke kan klandres for noe når vår Herre Jesus Kristus kommer."*

Jeg håper at dere alle vil motta hjelpen ifra den Hellige Ånd ved å holde dere selv oppvakte og med å be regelmessig, komme for å ha et uklanderlig og flekkefritt hjerte som Guds barn ved å kaste vekk all syndig natur inne i deg og omskåre ditt hjerte ved den Hellige Ånd, nyte myndigheten som Hans barn hvor din sjel blomstrer, alt i livet ditt er vellykket og du mottar velsignelsen med god helse, og gir ære til Gud i alt det du gjør, i vår Herre Jesus Kristus navn jeg ber!

5. Kapittel

# Bønnen til en Rettferdig Mann

Den effektive bønnen av en rettferdig mann kan utrette mye.
Elias var et menneske under samme kår som vi.
Han ba inderlig om at det ikke måtte regne,
og i tre år og seks måneder falt det ikke regn på jorden.
Så ba han på ny, og da ga himmelen regn,
og jorden bar igjen grøde.

Jakob 5:16-18

## 1. Troende Bønner som Helbreder De Syke

Når vi ser tilbake på livet vårt, vil det være tider hvor vi ba midt i lidelsen og til tider hvor vi lovpriste og jublet etter at vi hadde mottat Guds svar. Det var tider hvor vi ba med andre for at våre kjære kunne bli helbredet og tider hvor vi ga ære til Gud etter at vi hadde oppnådd i bønn det som hadde blitt umulig for mennesket.

Det er funnet mange referanser til troen i Hebreerne 11. Vi har blitt minnet om i 1. verset at *"Troen er et pant på det vi håper, et bevis for det vi ikke ser,"* mens *"Uten tro er det umulig å være til glede for Gud. For den som trer fram for Gud, må tro at Han er til, og at Han lønner dem som søker Ham"* (Vers 6).

Troen kan stort sett bli delt opp i "kjødelig tro" og "åndelig tro." På den annen side, kan vi med kjødelig tro, tro på Guds Ord bare når Ordet er det samme som våre tanker. En slik kjødelige tro vil ikke bringe noen forandringer til livene våres. På den annen side, kan vi med åndelig tro, tro på makten til den levende Gud og Hans Ord akkurat som det er selv om det ikke er enig med våre tanker og teorier. Idet vi tror på Guds arbeide som skaper ting ut av ingenting, kan vi erfare virkelige forandringer i livene våres så godt som Hans mirakuløse tegn og undere, og begynne å tro at alt er virkelig mulig for de som tror.

Det er derfor Jesus fortalte oss, *"Og disse tegnene skal følge dem som tror: i mitt navn skal de drive ut onde ånder, de skal tale nye tungemål, og de skal ta slanger i hendene. Om de drikker dødelig gift, skal det ikke skade dem, og når de legger hendene på syke, skal de bli friske"* (Markus 16:17-18), *"Alt er mulig for den som tror"* (Markus 9:23), og at *"Derfor sier Jeg dere: Alt det dere ber om i bønnene deres – tro at dere har fått det, og dere skal få det"* (Markus 11:24).

Hvordan kan vi ha åndelig tro og ha førstehånds erfaring med vår Guds prektige makt? Over alt annet, må vi huske på at apostelen Paulus sa i 2. Korinterne 10:5, *"Og alt stort og stolt som reiser seg mot kunnskapen om Gud. Vi tar hver tanke til fange under lydigheten mot Kristus."* Vi kan ikke lenger anse kunnskapen som vi har samlet på helt til nå som sann. Vi må istedenfor ødelegge hver eneste tanke og teori som bryter Guds Ord, gjøre oss selv lydige til Hans sanne Ord, og leve ifølge det. Like mye som vi ødelegger kjødelige tanker og kaster vekk usannheten inne i oss selv, vil vår sjel vokse og vi vil ha en åndelig tro som vi kan tro på.

Åndelig tro er troens målestokk som Gud har gitt hver og en av oss (Romerne 12:3). Etter at vi har forkynt om evangeliet og akseptert Jesus Kristus vil vår tro først være like liten som et sennepsfrø. Idet vi iherdig fortsetter med å gå i kirkegudstjenestene, høre Guds Ord, og leve etter det, blir vi bare mere rettferdige. Og ettersom vår tro vokser til en stor tro, vil tegn som hører til de som tror med sikkerhet følge med oss.

Når vi ber om å helbrede de syke, må det være åndelig tro fra de som ber som ligger i slike bønner. For centurion – hvor tjenerne hadde blitt paralyserte og lidd forferdelig – fremhevet i Matteus 8 hatt troen hvor han trodde at hans tjenere ville bli helbredet hvis Jesus bare sa ordet, hans tjenere ble helbredet øyeblikkelig (Matteus 8:5-13).

Og når vi også ber for de syke, må vi være modige i vår tro og ikke tvile, fordi Guds Ord forteller oss, *"Men han må be i tro, uten å tvile. For den som tviler, ligner en bølge på havet som drives og kastes hit og dit av vinden. Ikke må et slikt menneske vente å få noe av Herren"* (Jakob 1:6-7).

Gud er tilfredstilt med en sterk og solid tro som ikke går frem og tilbake, og når vi samler oss sammen i kjærlighet og ber for de syke med tro, vil Gud bare arbeide mere. For sykdom er et resultat av synd og Gud er HERREN vår Helbreder (2. Mosebok 15:26), når vi tilstår våre synder til hverandre og ber for hverandre, tilgir og helbreder Gud oss.

Når vi ber med en åndelig tro og i åndelig kjærlighet, vil du erfare Guds store arbeide, være vitne til vår Herres kjærlighet, og lovprise Ham.

## 2. Mektig og Effektiv er Bønnen til en Rettferdig Mann

Ifølge *Merriam-Webster Ordbok*, et rettferdig menneske er en som "handler ifølge det guddommelige eller den morale loven; fri ifra skyldfølelse eller synden." Men Romerne 3:10 forteller oss at, *"Det er ingen rettferdige, ikke en enste en."* Og Gud sier, *"For det er ikke de som hører Lovens ord, som blir rettferdige for Gud. Nei, de som gjør det Loven sier, de skal erklæres rettferdige for Gud"* (Romerne 2:13), og *"for ikke noe menneske blir rettferdig for Gud på grunn av gjerninger som Loven krever. Ved Loven lære vi synden å kjenne"* (Romerne 3:20).

Synd kom til verden gjennom ulydigheten av Adam, som var den første mannen som ble skapt og mangfoldige mennesker ankom fordømmelsen gjennom synden til dette ene menneske (Romerne 5:12, 18). Til menneskene som ikke nådde Hans ære, bortsett ifra Loven, har Guds rettferdighet blitt åpenbart, og til og med Guds rettferdighet kommer gjennom troen til Jesus Kristus for alle de som tror (Romerne 3:21-23).

For denne verdens "rettferdighet" fluktuerer ifølge verdiene til hver eneste generasjon, det kan ikke bli en sann standard med rettferdighet. Men Gud forandrer seg aldri, og Hans rettferdighet kan være standarden for den sanne rettferdigheten.

Det står derfor i Romerne 3:28, *"for vi hevder at mennesket blir rettferdig for Gud ved tro, uten Lovgjerninger."* Men fremdeles annullerer vi ikke loven med vår tro, men heller etablerer den (Romerne 3:31).

Hvis vi blir rettferdiggjort av troen, må vi bære frukten ved å ankomme helligheten ved å bli satt fri fra synden og bli slaver til Gud. Vi må streve etter å bli virkelig rettferdige ved å kaste vekk usannhetene som bryter Guds Ord og leve etter Hans Ord, selve sannheten.

Gud erklærer mennesker "rettferdige" som har en tro som er forbundet med gjerninger og som kjemper med å leve ifølge Hans Ord dag etter dag, og vil åpenbare Hans arbeide i henhold til deres bønner. Hvordan ville Gud svare noen som gikk i kirken, men som har bygget en vegg med synder mellom seg selv og Gud gjennom ulydighet til deres foreldre, splid med deres bror, og begå ugjerning?

Gud svarer på bønnen til et rettferdig menneske – han som adlyder og lever ifølge Guds Ord og som gir ham bevis på hans kjærlighet for Gud – mektig og effektiv ved å gi ham styrken med bønner.

I Lukas 18:1-18 er Sammenligningen av den Standhaftige Enken. Det viser en enke og en sak som hun brakte til dommeren som ikke fryktet Gud og som ikke respekterte mennesker. Selv om dommeren hverken fryktet Gud eller brydde seg noe særlig om mennesker, endte han til slutt opp med å hjelpe enken. Dommeren sa til seg selv, *"Selv om jeg ikke verken frykter Gud eller har mye respekt for mennesket, men på grunn av at denne enken bryr meg, vil jeg gi henne rettslig beskyttelse, hvis ikke vil hun fortsette med å slite meg ut."*

På slutten av denne sammenligningen sa Jesus, *"Hør hva den urettferdige dommeren sa; vil så ikke Gud også bringe rettferdighet til Hans valgte som gråter til Ham dag og natt, og vil Han utsette det lenge for dem? Jeg forteller deres at Han vil hurtig bringe dere rettferdighet"* (Lukas 18:7-8).

Men, når vi ser oss rundt omkring, er det mennesker som erklærer at de er Guds barn, ber dag og natt og faster ofte, men som ikke mottar svar ifra Han. Slike individer må begynne å innse at de ikke ennå har blitt rettferdige i Guds øyne.

Filipperne 4:6-7 forteller oss, *"Vær ikke bekymret for noe, men legg alt dere har på hjertet, fram for Gud. Be og kall på Ham med takk! Og Guds fred, som overgår all forstand, skal bevare deres hjerter og tanker i Jesus Kristus."* Avhengig av hvor mye en har blitt "rettferdig" i Guds øyne og ber i troen og i kjærlighet, vil hvor mye svar han ifra Gud variere. Etter at han har møtt kvalifikasjonene som et rettferdig menneske og ber, kan han hurtig motta Guds svar gi Ham ære. Det er derfor veldig viktig for mennesker å rive ned den syndig veggen som står i veien for Gud, få kvalifikasjonene til å bli deklarert "rettferdig" i Guds øyne, og be ærlig med troen og i kjærligheten.

## 3. Gaver og Makt

"Gaver" er Hans presanger som Gud gir ut fritt og refererer til et spesielt arbeide av Gud i Hans kjærlighet. Jo mer en ber, det mer vil han søke og spørre etter Guds gave. Men til tider vil han spørre Gud etter en gave ifølge hans svikefulle begjær. Dette er så han kan ødeleggelse seg selv og dette er ikke riktig i Guds øyne, en må vokte seg for dette.

I Apostlenes gjerninger er det en trollmann ved navnet Simon, som fulgte Filip over alt etter at Filip hadde forkynt evangeliet til ham, og var forbauset av de store tegnene og miraklene han så (versene 9-13). Når Simon så at den Hellige Ånden ble gitt ut ved Peter og Johannes hender, offret han apostelene penger og spurte dem, *"Gi også meg denne myndigheten, slik at alle jeg legger mine hender på vil motta den Hellige Ånd"* (versene 17-19). Peter irettsatte Simon da han svarte: *"Forbannet være både du og pengene dine, du som tror at du kan kjøpe Guds gave for penger! Du har ingen arvelodd eller del i dette, for ditt hjerte er ikke oppriktig mot Gud. Omvend deg fra denne ondskapen din, og be til Herren, så kanskje Han vil tilgi deg det du tenker i hjertet. For jeg ser at du er full av bitter galle og lenket til ondskap"* (versene 20-23).

For gaver blir gitt til de som viser den levende Gud og som redder menneskene, de må bli åpenbarte under den Hellige Ånds rådgivning. Vi må derfor først streve etter å bli rettferdige i

Hans øyne før vi spør Gud om Hans gaver.

Etter at vår sjel har vokst og vi har formet oss selv til et instrument som Gud kan bruke, lover Han oss å spørre etter gaver ved den Hellige Ånds inspirasjon og gir oss de gavene som vi spør etter.

Vi vet at vår eneste troende forfader ble brukt av Gud for forskjellige grunner. Noen åpenbarte Guds makt veldig høyt, noen andre bare profeterte uten å åpenbare Guds makt, og det var fremdeles andre som bare underviste andre mennesker. Jo mere de hadde en fullstendig tro og kjærlighet, jo mer makt ga Gud dem og lot dem åpenbare større arbeider.

Når han levde som en prins i Egypt, var Moses' temperament så hissig og oppfarende at han plutselig drepte en egypter som hadde behandlet hans isralitiske venner dårlig (2. Mosebok 2:12). Men etter flere prøvelser, ble Moses en ydmykende mann, mere ydmykende enn noe annet menneske her på jorden og mottok så mye makt. Han brakte isralittene ut av Egypt ved å åpenbare mange forskjellige tegn og undere (4. Mosebok 12:3).

Vi kjenner også bønnen til profeten Elias akkurat som det ble skrevet i Jakobs 5:17-18, *"Elias var et menneske med samme egenskap som oss, og han ba iherdig om at det ikke måtte regne, og det regnet ikke på jorden for tre år og seks måneder. Da ba han igjen og det kom regn ned fra himmelen, og jorden bar igjen grøde."*

Akkurat som vi har sett og akkurat som Bibelen forteller oss, er bønnen til en rettferdig mann mektig og effektiv. Styrken og makten til et rettferdig menneske er delt opp. Mens det er en slags bønner hvor mennesker ikke kan motta Guds svar, selv etter at de har bedt i mangfoldige timer, er det også bønner med stor makt som bringer dem Hans svar og på samme måte åpenbaringen med Hans makt. Gud er lykkelig over å akseptere bønner med tro, kjærlighet, og offringer, og tillater mennesker å gi Ham ære gjenom forskjellige gaver og makt som Han gir menneskene.

Men vi var ikke rettferdige fra begynnelsen; bare etter at vi aksepterte Jesus Kristus har vi blitt rettferdige ifølge troen. Vi blir like rettferdige som vi blir klare over synden ved å høre på Hans Ord, kaste vekk usannheten, og få vår sjel til å vokse. Vi vil også omgjøre oss til mere rettferdige mennesker like mye som vi lever og spaserer i lyset og i rettferdigheten, Hver eneste dag vil livene våres bli forandret av Gud slik at vi også kan tilstå på samme måten som apostelen Paulus gjorde det, *"Jeg dør hver eneste dag"* (1. Korinterne 15:31).

Jeg anbefaler dere alle til å se tilbake på livet ditt opp til dette tidspunktet og se om det er en vegg mellom deg og Gud, og hvis dette er riktig, riv den ned med det samme.

Må dere alle adlyde ifølge troen, offre med kjærlighet, og be som et rettferdig menneske slik at du kan bli rettferdig, motta

Hans velsignelser i alt det du gjør, og gi ære til Gud uten noen som helst tvil, i vår Herres navn jeg ber!

# 6. Kapittel

## Troens Store Makt i Samhold

Igjen sier jeg dere,
at hvis to av dere er enige her på jorden om alt det en spør om,
da skal det bli gjort for dem av Min Far som er i himmelen.
For hvor to eller tre Har kommet sammen i Mitt navn,
er Jeg der midt iblandt dem.

Matteus 18:19-20

## 1. Gud er Lykkelig Over å Kunne Akseptere Samhørige Bønner

Et koreansk ordspråk forteller oss, "Det er bedre å til og med løfte sammen et papir ark." Istedenfor å isolere seg selv og prøve å gjøre alt på egen hånd, vil dette årgamle ordspråket lære oss, effektivitet vil øke og en kan erfare et bedre resultat når to eller flere mennesker arbeider sammen. Kristendommen som legger trykk på ens kjærlighet for naboene og kirke samfunnet kan også være et godt eksempel på dette.

Predikerens bok 4:9-12 forteller oss, *"To er bedre enn en fordi de gir mere tilbake i deres arbeide. For hvis en av dem faller, da vil den andre løfte opp hans vann. Men stakkars er den som faller når det ikke er noen der til å løfte ham opp. Og hvis det også er to som ligger nede kan de holde hverandre varme, men hvordan kan en varme seg selv? Og hvis en kan bli overfalt hvis han er alene, kan to mennesker kjempe imot ham. Et tau med tre strenger kan ikke hurtig bli revet i stykker."* Disse versene lærer oss at når menneskene kommer sammen og samarbeider, kan det skje stor makt og glede.

Samtidig forteller Matteus 18:19-20 oss hvor viktig det er for de troende å komme sammen og be sammen. Det er "individuelle bønner" hvor mennesker ber for deres egne problemer av individuelle grunner og ber idet de mediterer stille på Ordet, og "ber i samhold" hvor flere mennesker kommer sammen for å rope ut til Gud.

Akkurat som Jesus forteller oss "hvis to av dere er enige her på jorden" og "hvor to eller tre har kommet sammen i Mitt navn," refererer bønner i samhold til bønner fra mange sammen i et sinn. Gud forteller oss at Han er lykkelig med å akseptere bønner i samhold og lover oss at Han vil gjøre alt vi spør Ham om og være til stede når to eller tre kommer sammen i vår Herres navn.

Hvordan kan vi gi lovprisning til Gud med svar som vi mottar ifra Ham gjennom bønner i samhold hjemme og i kirken, og innenfor vår gruppe og celle? La oss tenke på betydeligheten og metodene av bønner i samhold og lage brød av dens makt slik at vi kan motta alt ifra Gud idet vi ber om Hans kongerike, rettferdighet, og kirke, og ærer Ham storslagent.

## 2. Betydeligheten av Bønner i Samhold

I begynnelsen av versene hvor dette Kapittelet er basert, forteller Jesus oss, *"Igjen sier jeg dere, at hvis to av dere er enige om alt her på jorden som de spør etter, skal ting bli gjort for dem av Min Fader i himmelen"* (Matteus 18:19). Here finner vi noe som er litt merkelig. Istedenfor å referere til bønnene til "en person," "tre personer," eller "to eller flere personer," hvorfor sa Jesus spesielt "hvis to av dere er enige om alt det som blir spurt om her på jorden" og legger betyngelse på "to" mennesker?

"To av dere" står her for, i relativ betydning, hver en av oss "jeg" og resten av menneskene. Med andre ord, "to av dere" kan bli referert til en person, ti personer, et hundre mennesker, eller et tusen mennesker, i tillegg til en selv.

Hva er så den åndelige betydningen med "to av dere"? Vi har oss "selv" og inne i oss lever den Hellige Ånd med Hans egen egenskap. Akkurat som Romerne 8:26 sier, *"På samme måte som Ånden også hjelper vår svakhet; for vi vet ikke hvordan vi skal be som vi skal, men selv Ånden megler for oss med grynting som er altfor dyp for ord,"* den Hellige Ånd som megler for oss gjør vårt hjerte til et tempel som vi oppholder oss i.

Vi mottar myndigheten som vi er berettiget til som Guds barn når vi først tror på Ham og aksepterer Jesus som vår Frelser. Den Hellige Ånd kommer og vekker opp vår ånd som har vært død på grunn av vår originale synd. Det er derfor i hvert av Guds barn deres eget hjerte og den Hellige Ånd ligger med Hans egen egenskap.

"To mennesker på jorden" betyr bønnene til vårt eget hjerte og bønnene til vår ånd som er den Hellige Ånds forbønn (1. Korinterne 14:15; Romerne 8:26). Å si "at to mennesker på jorden er enige om alt det som blir spurt om" betyr at disse to bønnene har blitt offret til Gud i samhold. Og når den Hellige Ånd kommer sammen med en person i hans bønner eller to eller flere mennesker i deres bønner, er det for "det to av dere" på jorden å være enige om alt det dere spør om.

Ved å huske på betydeligheten av bønner i samhold, må vi erfare fullførelsen av Herrens løfte *"Igjen sier jeg dere, at hvis to av dere er enige om alt her på jorden som de spør etter, skal ting bli gjort for dem av Min Fader i himmelen."* (Matteus 18:19).

## 3. Metoder av Bønner i Samhold

Gud er tilfredstilt med å akseptere bønner i samhold, gir hurtig Hans svar på slike bønner, og åpenbarer Hans mektige arbeide fordi mennesker ber til Ham med et hjerte.

Det vil med sikkerhet bli en kilde med overflytende glede, fred, og uendelig ære til Gud hvis den Hellige Ånd og hver av oss ber med et hjerte. Vi vil kunne bringe ned "ildens svar" og ureservert være vitne til den levende Gud. Men å bli "et hjerte" er ikke lett, og å bringe vårt hjerte i enighet bringer en veldig betydelig implikasjon.

Anta at en tjener har to herrer. Ville ikke hans lojalitet og tjenende hjerte bli oppdelt naturlig? Problemet blir mere seriøst hvis tjenerens to herrer har forskjellige personligheter og smaker.

Anta at to mennesker kommer sammen for å planlegge en begivenhet. Hvis de til slutt mislykkes i å bli enige og istedenfor forblir oppdelte i deres egne meninger, ville det være sikrere å inkludere at tingene ikke går for godt. Og hvis også de to gjorde deres eget arbeide med to forskjellige målsettninger i hjertet, vil kanskje også deres planlegging gå godt på utsiden, men resultatet ville ikke være mer påtagelig. Muligheten med å være av det samme hjertet om en ber alene, med en annen person, eller med to eller flere mennesker er nøkkelen til å motta Guds svar.

Hvordan kan vi så bli til et hjerte i bønner?

Mennesker som ber i samhold må be med den Hellige Ånds inspirasjon, bli fanget opp av den Hellige Ånd, bli til et i den Hellige Ånd, og be i den Hellige Ånd (Efeserne 6:18). For den Hellige Ånd har med seg Guds sinn, Han søker etter alle ting, til og med Guds dyphet (1. Korinterne 2:10) og megler for oss ifølge Guds vilje (Romerne 8:27). Når vi ber på samme måten som den Hellige Ånd leder vår tanke, vil Gud være tilfreds med å akseptere vår bønn, gir oss alt det vi spør om, og vil til og med svare på våres hjertes ønsker.

For å kunne be i den Hellige Ånds fullhet, må vi tro på Guds Ord uten noen tvil, adlyde sannheten, alltid være lykkelig, be hele tiden, og være takknemlig i alle omstendigheter. Vi må også rope ut til Gud fra vårt hjerte. Når vi viser Gud en tro som er forbundet med gjerninger og kjemper i bønn, er Gud tilfredstilt og gir oss glede gjennom den Hellige Ånd. De sier at dette er "fyllt med" og "er inspirert av" den Hellige Ånd.

Noen nye troende eller de som ikke har bedt fast, har ikke

ennå mottat makten av bønner og vil derfor ha for vane å finne bønner i enigheter som er slitsomme og vanskelige. Hvis slike individer prøver å be for en time, vil de prøve å komme opp med alle slags bønne emner, men klarer ikke å be i en hel time. De blir utslitte og trette, og venter engstelig på at tiden skal gå hurtig, og ender opp med å be bablende. Slike bønner er "sjelens bønner" som Gud ikke kan svare på.

For mange mennesker, selv om de har gått i kirken i mer enn et tiår, er bønnene deres fremdeles sjelens bønner. For de fleste mennesker som klager eller mister motet på grunn av mangel på svar ifra Gud, kan ikke motta Hans svar fordi deres bønner er den samme som sjelen. Men dette er ikke det samme som å si at Gud har snudd ryggen til bønnene deres. Gud hører deres bønner; Han kan bare ikke svare på dem.

Noen vil vel kanskje spørre, "Betyr dette at det er meningsløst å be siden vi ber uten inspirasjonen til den Hellige Ånd?" Men dette er ikke tilfelle. Selv om de bare ber i tankene deres, vil portene med bønner åpne seg og de vil motta makten med bønner og begynne å be i ånden idet de ivrig roper ut til Gud. Uten bønner, kan ikke portene til bønnene åpne seg. For Gud hører til og med på bønnene til sjelen, og så fort porten til bønnene åpner seg, vil du komme sammen med den Hellige Ånd, begynne å be med inspirasjonen av den Hellige Ånd, og motta svar på det som du før hadde spurt om.

Anta at det var en sønn som ikke tilfrestilte hans far. For

sønnen kunne ikke tilfredstille hans far med hans gjerninger, han kunne ikke motta noe han hadde spurt om fra hans far. Men en dag begynte sønnen å tilfredstille hans far med hans gjerninger og faren begynte å finne at sønnen var ifra hans eget hjerte. Hvordan ville faren nå behandle hans sønn? Husk på at deres forhold var ikke det samme som det hadde vært før i tiden. Faren ønsket å gi hans sønn alt det han hadde spurt etter, og sønnen mottok til og med tingene han hadde spurt etter tidligere.

På samme måte vil vi motta makten med bønner på en måte som er tilfredstillende til Gud idet portene til bønnene åpner seg for deg, selv om bønnene kommer ifra våre tanker, når det har hopet seg opp. Vi mottar også de tingene som vi har spurt Gud om tidligere og innser at Han ikke har ignorert noen av våre bønner.

Og likeledes når vi ber åndelig i den Hellige Ånds fullhet, vil vi ikke bli mere bedrøvet eller gi etter for søvnighet eller verdslige tanker, men be med troen og med gleden. Dette er hvordan til og med en gruppe med mennesker kan be med samhold, for de ber med ånden og med kjærlighet med et sinn og en vilje.

Vi leser i det andre verset som dette Kapittelet er basert på, *"For der to eller tre har kommet sammen i Mitt navn, er Jeg der midt iblandt dem"* (Matteus 18:20). Når mennesker kommer sammen for å be i Jesus Kristus navn, da ber Guds barn som har mottat den Hellige Ånd på en måte i samhold, og vår Herre vil sikkert holde seg blandt dem. Med andre ord, når en gruppe mennesker som har mottat den Hellige Ånd kommer sammen og ber i samhold, vil vår Herre overse sinnet til hver person, samle dem med den Hellige Ånd, og lede dem til å bli et sinn slik at deres bønner vil være tilfredstillende til vår Gud.

Men hvis en gruppe mennesker ikke kan komme sammen og be med et hjerte, kan ikke gruppen be sammen i samhold eller be ifra hjertet til hver deltager selv om de ber for den samme årsaken, fordi hjertet til en deltager ikke er enig med hjertet til en annen i gruppen. Hvis hjertet til de menneskene som deltar ikke kan komme sammen til et, da burde den som leder forhandlingene begynne å lovprise og angre slik at hjertet til menneskene som har samlet seg vil bli en i den Hellige Ånd.

Vår Herre vil være med de bedende menneskene når de blir en i den Hellige Ånd, idet Han overser og leder hjertet til hvert individ som deltar. Når menneskenes bønner ikke er i samhold, kan det bli forstått at vår Herre ikke kan være hos slike individer.

Når menneskene blir et i den Hellige Ånd og ber i samhold, da vil alle be ifra hjertet deres, bli fyllt med den Hellige Ånd, svette ifra kroppene deres, og være sikker på Guds svar som de spør etter når et lykkelig vindkast ovenifra omgir dem. Vår Herre vil holde seg til mennesker som ber på en slik måte, Og slike bønner er akkurat disse som tilfredstiller Gud.

Ved å be i samhold til den Hellige Ånds fullhet og fra vårt

hjerte, håper jeg at hver og en av dere vil motta alt det dere spør om i bønnene og derfor gi ære til Gud når dere kommer sammen med andre fra deres gruppe eller celle og hjemme eller i kirken.

## Den Store Makten av Bønner i Samhold

En av de fordelene med å be i samhold er forskjellen med hurtigheten hvor menneskene vil motta svar ifra Gud og hva slags arbeide Han åpenbarer, for som et eksempel er det drastiske forskjeller i antall bønner mellom en 30 minutters bønn fra en person med et ønske og en 30 minutters bønn ifra ti mennesker med det samme ønsket. Når mennesker ber i samhold og Gud er tilfreds når Han mottar deres bønner, vil de erfare den unektelige åpenbaringen fra Guds arbeide og den store makten fra bønnene deres.

I Apostlenes gjerninger 1:12-15, finner vi at etter vår Herre oppstod og steg opp til himmelen, kom en gruppe mennesker, medberegnet Hans disipler, sammen for å be ustanselig. Antall mennesker i denne gruppen var omkring et hundre og tjue. I et alvorlig håp om å motta den Hellige Ånd som Jesus hadde lovet dem, kom disse menneskene sammen for å be i samhold helt til Pinse.

*Da pinsedagen kom, var alle samlet på et sted. Plutselig lød det ifra himmelen som når en kraftig vind blåser, og lyden fylte hele huset hvor de satt.*

*Tunger som av ild viste seg for dem, delte seg og satte seg på hver enkelt av dem. Da ble de alle fylt av den Hellige Ånd, og de begynte å tale på andre tungemål etter som Ånden ga dem å forkynne* (Apostlenes gjerninger 2:1-4).

Hvor vidunderlig er ikke dette arbeidet ifra Gud? Idet de ba i samhold, mottok alle de et hundre og tjue menneskene som hadde kommet sammen den Hellige Ånd og begynte å tale på andre tungemål. Apostelene mottok også stor makt ifra Gud slik at antall mennesker som aksepterte Jesus Kristus gjennom Peters budskap og som ble døpt kom opp til nesten tre tusen (Apostlenes gjerninger 2:41). Idet alle slags undere og miraklende tegn ble vist av apostelene, økte også antall troere hver eneste dag og livet til de troende begynte også å forandre seg (Apostelenes gjerninger 2:43-47).

*Da de så hvor frimodige Peter og Johannes var, og forsto at de var ulærde menn av folket, undret de seg. De visste at de hadde vært sammen med Jesus, Og da de så mannen som var helbredet, stå der sammen med dem, kunne de ikke si imot* (Apostlenes gjerninger 4:13-14).

*Ved apostlenes hender ble mange tegn og under gjort i folket. Alle holdt trofast sammen i Salomos søylehall. Ingen andre våget å slå seg sammen med dem, men folket satte dem høyt. Stadig flere trodde på Herren og ble lagt til dem, både menn og kvinner i store antall. De bar også syke ut på gatene og la dem på senger og bårer, for at i det minste skyggen av Peter kunne falle på noen av dem når han gikk forbi. Det kom også mye folk ifra byene rundt Jerusalem. De bar med seg syke og folk som var besatt av urene ånder, og alle ble helbredet* (Apostlenes gjerninger 5:12-16).

Det var bønnenes makt i samhold som gjorde det mulig for apostlene å modig forkynne Ordet, helbrede de blinde, de invalide, og de svake, oppvekke de døde, helbrede alle slags sykdommer, og drive ut onde ånder.

Følgende er et tilfelle hvor Peter som på denne tiden var i fengsel under herskeren Herode (Agrippa I) som hadde blitt markert på største måte av hans forfølgelse med Kristendommen. I Apostlenes gjerninger 12:5 finner vi, *"Så Peter ble holdt i fengsel, men bønner for ham ble holdt iherdig av kirken til Gud."* Mens Peter sov, bundet med to lenker, ba kirken i samhold for Peter. Etter at Gud hørte kirkensbønner, sendte Han engler ned for å fri Peter.

Natten før Herode skulle bringe Peter til retten, ble apostelen bundet med to lenker og sov mens skiltvakter stod vakt ved døråpningen (Apostlenes gjerninger 12:6). Men fremdeles åpenbarte Gud Hans makt ved å befri ham ifra lenkene og fikk jernporten til fengselet til å åpne seg selv (Apostlenes gjerninger 12:7-10). Når han ankom huset til Maria, Johannes mor, som også ble kalt Markus, fant Peter ut at mange mennesker hadde kommet sammen og hadde bedt for ham (Apostlenes gjerninger 12:12). Et slikt mirakel arbeide var resultatet av makten til kirkens bønner i samhold.

Alt det kirken gjorde for den fengslede Peter var å be i samhold. Det er på samme måte når det kommer problemer i kirken eller når de troende blir syke, Guds barn må først tro at Han vil løse alle problemene i hendene deres og komme sammen med et sinn og be i samhold, istedenfor å ta i bruk menneskenes tanker og måter eller å engste seg eller bli urolige.

Gud er veldig interesert i kirkens samholdende bønner, er lykkelig over samholdende bønner, og vil svar på slike bønner med Hans miraklende arbeider. Kan du forestille deg hvor tilfredstilt Gud vil bli når Han ser Hans barn ber i samhold for Hans kongerike og rettferdighet?

Når mennesker blir fyllt med den Hellige Ånd og ber med ånden deres når de kommer sammen for å be i samhold, da vil de erfare Guds store arbeider. De vil motta makten til å leve etter Guds Ord, være vitne til den levende Gud på samme måte som de tidligere kirkene og apostlene gjorde, utvide Guds kongerike, og motta alt det de spør om.

Ha vennligst i tankene at vår Gud har lovet oss at Han vil svare oss når vi spør og ber i samhold. Må hver og en av dere fullstendig forstå betydningen av bønnen i samhold og ivrig møte opp med de som ber i Jesus Kristus navn, slik at du kan først få erfaringene med den store makten av bønner i samhold, motta makten av bønner, og bli en vidunderlig arbeider som er vitne til den levende Gud, i vår Herres navn jeg ber!

# 7. Kapittel

## Be Alltid og Gi Aldri Opp

Så fortalte Han dem en lignelse
om at de alltid skulle be og ikke miste motet:

"I en by var det en dommer som ikke fryktet Gud og ikke tok
hensyn til noe menneske.
I samme by var det en enke som stadig på ny kom til Ham og sa:
'Hjelp meg mot min motpart, så jeg kan få min rett.'
Lenge ville Han ikke, men til slutt sa Han til seg selv:
'Enda jeg ikke fryktet Gud og ikke tar hensyn til noe menneske,
får jeg hjelpe denne enken til hennes rett,
siden hun plager meg slik,
ellers ender det vel med at hun flyr like i sinnet på meg.'"

Og Herren sa: "Hør hva denne uhederlige dommeren sier:
Skulle ikke da Gud hjelpe sine utvalgte til deres rett,
de som roper til Ham dag og natt?
Er Han sen til å hjelpe dem?
Jeg sier dere: Han skal sørge for at de får sin rett, og det snart."

Lukas 18:1-8

## 1. Sammenligningen av den Standhaftige Enken

Når Jesus underviste Guds Ord til folkemengdene, pratet Han ikke til dem uten noen sammenligning (Markus 4:33-34). "Lignelsen av den Standhaftige Enken" som dette Kapittelet er basert på får oss til å forstå vikrigheten med en standhaftig bønn, hvordan vi alltid burde be, og hvordan vi aldri burde gi opp.

Hvor iherdig ber du for å motta Guds svar? Har du sluttet å be på grunn av at du tar en pause eller har du gitt opp på grunn av at Gud har ennå ikke svart på dine bønner?

I livet er det mangfoldige problemer og spørsmål både store og små. Når vi evangeliserer mennesker og forteller dem om den levende Gud, vil noen som søker etter Gud begynne å gå i kirken for å løse problemene deres og andre vil bare finne trøst i hjertet deres.

Uansett grunnene hvorfor mennesker begynte å gå i kirken, vil de som Guds barn lære at de kan motta alt det de spør om og bli omgjort til bedende mennesker når de tilbeder Gud og aksepterer Jesus Kristus.

Alle Guds barn må derfor lære gjennom Hans Ord hva slags bønner som Han er tilfredstilt med, be ifølge bønnenes grunnforutsetning, og ha tro for å holde ut og be helt til de mottar frukten av Guds svar. Det er derfor mennesker med tro blir klare over bønnenes viktighet og ber regelmessig. De uttaler seg ikke om synden med å stoppe å be selv om de ikke mottar et svar med det samme. Istedenfor å gi opp, ber de bare mere iherdig.

Bare ved en slik tro kan mennesker motta Guds svar og gi Ham ære. Og selv om mange mennesker tilstår at de tror, er det vanskelig å finne mennesker med en slik stor tro som dette. Det er derfor vår Herre klager og spør, *"Men når Menneskesønnen kommer, vil Han finne tro her på jorden?"* (Lukas 18:8)

I en viss by var det en umoralsk dommer som en enke kom hele tiden til for å tigge, "Gi meg rettslig beskyttelse fra min motstander." Denne korrupte dommeren forventet en bestikkelse, men den fattige enken hadde ikke engang råd til å gi dommeren bare et lite tegn på takknemlighet. Men enken fortsatte å gå til dommeren og tigget ham, og dommeren fortsatte å nekte enkens ønske. Men en dag hadde hjertet hans forandret seg. Vet du hvorfor? Hør på hva denne umoralske dommeren sa til seg selv:

> *"Selv om jeg ikke verken frykter Gud eller har mye respekt for mennesket, men på grunn av at denne enken bryr meg, vil jeg gi henne rettslig beskyttelse, hvis ikke vil hun fortsette med å slite meg ut"* (Lukas 18:4-5).

For enken ga aldri opp og fortsatte med å komme til ham med hennes etterspørsel, selv denne onde dommeren kunne bare gi etter til enkens ønsker som fortsatte å ergre ham.

På slutten av denne sammenligningen som Jesus brukte for å

gi oss nøkkelen til å motta Guds svar, avsluttet Han, *"Hør hva den urettferdige dommeren sa; vil så ikke Gud også bringe rettferdighet til Hans valgte som gråter til Ham dag og natt, og vil Han utsette det lenge for dem? Jeg forteller deres at Han vil hurtig bringe dere rettferdighet"* (v. 6-8).

Hvis en umoralsk dommer hører på bønnene til en enke, hvorfor ville så den rettferdige Gud ikke svare når Hans barn ropte på Ham? Hvis de avlegger et løfte om å motta et svar for et spesielt problem, faster, holder seg oppe hele natten, og kjemper i bønnene, hvorfor svarte ikke Gud dem hurtig? Jeg er sikker på at mange av dere har hørt om tilfeller hvor mennesker mottar Hans svar under en periode hvor en lover mye i bønner.

I Salmenes bok 50:15 forteller Gud oss, *"Rop på Meg når dere får problemer; Jeg skal redde deg, og dere skal ære Meg."* Med andre ord, Gud har til hensikt å ære Ham ved å svare på våre bønner. Jesus minner oss om i Matteus 7:11, *"Når selv dere som er onde, vet å gi barna deres gode gaver, hvor mye da skal ikke deres Far i himmelen gi gode gaver til dem som ber Ham!"* Hvordan kunne Gud som har uten noe som helst forbehold gitt oss Hans eneste Sønn til å dø for oss, ikke svare på bønnene til Hans elskede barn? Gud vil gjerne gi hurtige svar til Hans barn som elsker Ham.

Hvorfor er det derfor så mange mennesker som sier at de ikke har Hans svar selv om de ber? Guds Ord forteller oss spesiellt i Matteus 7:7-8, *"Be, så skal dere få; let, og du vil finne; bank på, og den vil bli åpnet for deg. For alle dem som spør vil motta, og han som leter finner, og til han som banker på vil det bli åpnet."* Det er derfor det er umulig for våre bønner å gå usvart. Og fremdeles kan ikke Gud svare på dine bønner på grunn av en vegg som står i veien for Ham, fordi vi ikke har bedt godt nok, eller på grunn av at tiden ikke ennå har ankommet for at vi kan motta Hans svar.

Vi må alltid be uten å gi opp, fordi når vi holde fast ved og fortsetter med å be ved troen, da vil den Hellige Ånden rive ned veggen som står mellom Gud og oss og åpne veien til Guds svar gjennom angring. Når hvor mye vi ber virker godt nok i Guds øyne, vil Han sikkert svare oss.

I Lukas 11:5-8 lærer Jesus oss igjen om utholdenhet og innpåslitenhet:

> *Sett at en av dere går til en venn midt på natten og ber ham: "Kjære, lån meg tre brød! En venn som er på reise, er kommet til meg, og jeg har ikke noe å by ham." Tror dere da han vil svare der innefra: "Ikke forstyrr meg, døren er alt stengt, og både barna og jeg er i seng. Jeg kan ikke stå opp og gi deg noe." Nei, sier jeg dere: Om han ikke står opp og gir ham det for vennskaps skyld, vil han ihvertfall gjøre det fordi han er så pågående, og gi ham alt han trenger.*

Jesus forteller oss at Gud ikke nekter men svarer på Hans barns pågåenhet. Når vi ber til Gud, må vi be modig og med utholdenhet. Det betyr ikke at du bare skal kreve, men be med en viss sikkerhet på troen. Bibelen nevner ofte mange av troens forfedre som mottok svar med slike bønner.

Etter at Jakob kjempet med en engel ved Jabbok elven helt til kvelden, ba han iherdig og holdt sterke krav for velsignelse, og sa, *"Jeg vil ikke la deg gå hvis du ikke velsigner meg"* (1. Mosebok 32:26), og Gud tillot velsignelser for Jakob. Fra dette tidspunktet, ble Jakob kalt "Israel" og ble isralittenes forfader.

I Matteus 15, kom en Kana'anite kvinne som hadde en datter som led av demon besettelse først opp til Jesus og ropte ut til Ham, *"Ha barmhjertighet med meg, Herre, sønn av David; min datter en besatt skrekkelig av demoner."* Men Jesus sa ikke et ord (Matteus 15:22-23). Når kvinnen kom annen gang, knelte foran Ham og tigget Ham, sa Jesus simpelthen, *"Jeg ble bare sendt til de bortkomne sjelene i Israels hus,"* og nektet kvinnens ønske (Matteus 15:25-26). Når kvinnen tryglet Jesus en gang til, *"Ja, Herre; men selv hundene spiser opp smulene som faller ned fra deres herres bord,"* da sa Jesus til henne, *"Åh, kvinne, din tro er stor; det skal bli gjort som du vil"* (Matteus 15:27-28).

Vi må på samme måte følge fotstegene av våre forfedres tro ifølge Guds Ord og alltid be. Og vi burde be med troen, med en viss sikkerhet, og med et glødende hjerte. Ved troen på vår Gud som tillater oss å høste inn på den riktige tiden, må vi bli virkelige tilhengere i Kristus i våre bønneliv uten å gi opp.

## 2. Vi Må Alltid Be

Akkurat som mennesker ikke kan leve uten å puste, kan Guds barn som har mottat den Hellige Ånd ikke komme inn til det evige livet uten å be. Bønner er en samtale med den levende Gud og vår ånds ånde. Hvis Guds barn som har mottat den Hellige Ånd ikke kommuniserer med Ham, vil de slukke den Hellige Ånds ild og kan derfor ikke lenger spasere på livets vei, men vil heller gå seg vill og gå mot døden, og kan til slutt ikke nå frelsen.

Bønner etablerer kommunikasjon med Gud, og vi vil ankomme frelse idet vi hører stemmen til den Hellige Ånd og lærer å leve ifølge Guds vilje. Selv om vi får problemer, vil Gud finne en måte å unngå det på. Han vil også arbeide for oss på alle måter. Ved bønner vil vi også erfare makten til den allmektige Gud som styrker oss slik at vi kan møte og seire over fiende djevelen, og dermed gi Ham ære med vår trofaste tro som kan gjøre det umulige, mulig.

Bibelen forteller oss derfor å be uten stopp (1. Tessalonikerne 5:17) og dette er "Guds vilje" (1. Tessalonikerne 5:18). Jesus satte et godt eksempel for oss med bønner ved å be hele tiden ifølge Guds vilje uten hensyn til tid og sted. Han ba i ørkenen, på et fjell, og mange andre steder, og ba ved kveldstid og på natten.

Ved å fortsette å be, våre troende forfedre levde etter Guds vilje. Profeten Samuel forteller oss, *"Jeg vil aldri gjøre en slik synd mot Herren at jeg holder opp å be for dere. Jeg skal lære dere den gode og rette vei"* (1. Samuelsbok 12:23). Bønner er Guds vilje og Hans budskap; Samuel sier at å ikke be er det samme som å synde.

Når vi ikke ber eller når vi tar en bede pause, da vil verdslige ting trenge seg inn i vårt sinn og avverge oss fra å leve ifølge Guds vilje og vi kan møte vanskeligheter for vi er ikke lenger beskyttet av Gud. Så når mennesker blir fristet vil de klage seg til Gud eller gå vekk ifra Ham bare mer.

1. Peters 5:8-9 minner oss derfor om, *"Vær edru og våk! Deres motstander, djevelen, går omkring som en brølende løve for å finne noen å sluke. Stå ham imot, faste i troen! Dere vet jo at deres søsken rundt om i verden må gjennomgå de samme lidelsene"* og anbefaler oss også alltid om å be. La oss ikke bare be når det er problemer, men alltid, slik at vi vil bli Guds velsignede barn som har alt i livet gå godt for dem.

### 3. Når Tiden er Riktig Vil Vi Høste Frukten

Galaterne 6:9 sier, *"La oss ikke miste hjerte når vi er gode, for på et tidspunkt vil vi kunne innhøste, hvis vi ikke blir utålmodige."* Det er det samme med bønner. Når vi alltid ber ifølge Guds vilje uten å gi opp og når den riktige tiden kommer, vil vi innhøste frukten.

Hvis en bonde blir utålmodig like etter at han har plantet et frø og graver opp frøet ifra bakken, eller hvis han mislykkes i å ta vare på knoppene og venter, hva ville så være vitsen med innhøstingen? Helt til vi mottar svar på vår bønn, er det nødvendig med iherdighet og utholdenhet.

Innhøstingstiden varierer også ifølge hva slags frø som har blitt plantet. Noen frø gir frukt på bare et par måneder, mens andre kan ta år. Grønnsaker og korn kan bli høstet lettere enn epler eller uvanlige urter som ginseng. For mer dyrebar og kostbar avling, vil en trenge mere tid og engasjement.

Du må innse at en trenger flere bønner når du ber for større og mere seriøse problemer. Når profeten Daniel så et syn angående fremtiden til Israel, sørget i tre uker, og ba, hørte Gud Daniels bønn den første dagen og sendte en engel for å være sikker på at profeten ble klar over det (Daniel 10:12). Men, fordi prinsen av luftens makt motsatte seg engelen i en og tjue dager, kunne engelen først komme til Daniel den siste dagen, og det var først da Daniel fikk vite det med sikkerhet (Daniel 10:13-14).

Hva ville ha skjedd hvis Daniel hadde gitt opp og stoppet med å be? Selv om han ble ulykkelig og mistet styrken etter at han så synet, fortsatte Daniel med å be og mottok til slutt Guds svar.

Når vi holder ut på grunn av troen og ber helt til vi mottar Hans svar, vil Gud gi oss en hjelper og lede oss til Hans svar. Det er derfor engelen som brakte Guds svar til Daniel fortalte profeten, *"Fyrsten over Perserrike gjorde motstand mot meg i 21 dager. Da kom Mikael, en av de fremste høvdingene, og hjalp meg. Jeg forlot ham der hos perserkongen. Nå er Jeg kommet for å la deg få vite hva som skal hende folket ditt i de siste dager. For dette er enda et syn som gjelder de dagene"* (Daniel 10:13-14).

Hva slags problemer ber du om? Er dine bønner slike som når Guds trone? For å kunne forstå det synet som Gud hadde vist ham, bestemte Daniel seg for å ydmyke seg selv ved å ikke spise noe mat med smak, og heller ikke kjøtt eller vin, og han brukte heller ikke noen salve i det hele tatt til de tre ukene var over (Daniel 10:3). Idet Daniel ydmykte seg selv i de tre ukene i høytidelige bønner, hørte Gud hans bønner og svarte ham den første dagen.

Vær her oppmerksom på det faktum av at mens Gud hørte på at Daniel ba og svarte profeten den første dagen, tok det tre uker før Hans svar nådde Daniel. Mange mennesker prøver å be i en eller to dager og gir opp fort når de møter et seriøst problem. En slik skikk fører til liten tro.

Det vi trenger mere av i vår generasjon idag er et hjerte hvor vi bare tror på vår Gud som helt sikkert vil svare oss, holde ut, og be, samme når når vi får svar ifra Gud. Hvordan kan vi forvente oss å motta Guds svar uten tålmodighet?

Gud gir regn i forskjellige sesonger, både høst regn og vår regn, og setter også av en tid for innhøstning (Jeremias 5:24). Det er derfor Jesus fortalte oss, *"Derfor sier jeg til dere, alt det dere ber om og spør etter, ha tro på at dere har mottat dem, og så vil dere få dem"* (Markus 11:24). For Daniel trodde på Gud som svarer på bønnene, han var tåmodig og sluttet ikke med å be til han mottok Guds svar.

Bibelen forteller oss, *"Troen er et pant på det vi håper, et bevis for det vi ikke ser"* (Hebreerne 11:1). Hvis det er noen som har oppgitt med å be fordi de ikke har mottat Guds svar, må han ikke tro på at han har troen eller at han vil motta Guds svar. Hvis han har en sann tro, vil han ikke oppholde seg i de nåværende omstendighetene, men vil istedenfor be uten å gi opp. Det er på grunn av at han tror på at Gud, som tillater oss å høste det vi har sådd og betaler oss tilbake for det vi har gjort, vil med sikkerhet svare ham.

Akkurat som Efeserne 5:7-8 sier, *"Gjør ikke felles sak med dem! En gang var dere selv mørke, men nå – i Herren – er dere lys. Lev da som lysets barn!"* Jeg håper at dere alle vil ha en sann tro, fortsette med å be til den allmektige Gud, og motta alt det du spør om i bønnen, og lede et liv fylt med Guds velsignelse, i vår Herre Jesus Kristus jeg ber!

Forfatteren:
# Dr. Jaerock Lee

Dr. Jaerock Lee var født i Muan, Jeonnam Provinsen, Republikken i Korea, i 1943. I tjueårene led Dr. Lee i sju år av mange forskjellige uhelbredelige sykdommer og ventet bare på å dø uten noe som helst håp om å bli bedre. Men en dag på våren 1974 ble han imidlertidig ført til kirken av hans søster, og når han knelte ned for å be, helbredet Gud alle hans sykdommer ham med det samme.

Fra dette øyeblikket hvor han hadde møtt den levende Gud gjennom denne vidunderlige erfaringen, har Dr. Lee elsket Gud med hele sitt hjerte og med all oppriktighet, og i 1978 ble han utpekt som Guds tjener. Han ba iherdig gjennom uttalige fastende bønner slik at han klart og tydelig kunne forstå Guds vilje, fullstendig fullføre den og adlyde Guds Ord. I 1982 startet han Manmin Sentral Kirken i Seoul, Korea, og her har det skjedd mangfoldige mirakuløse helbredelser, tegn og under.

I 1986 ble Dr. Lee presteviet ved den Årlige Forsamlingen til Jesus' Sungkyul Kirken i Korea, og fire år senere i 1990, begynte de å kringkaste gudstjenestene i Australia, Russland, og på Filippinene. Innen kort tid nådde de mange flere land gjennom Den Fjerne Østens Kringkastingsfirma, Asias Kringkastingsstasjon, og Washingtons Kristelige Radio System.

Tre år senere i 1993, ble Manmin Kirken valgt som en av "Verdens 50 Beste Kirker" av magasinet *'Christian World'* (US) og han mottok en Æret Guddommelig Doktorgrad fra 'Christian Faith College' i Florida, USA, og i 1996 fikk han en Doktorgrad i filosofi fra Menigheten fra 'Kingsway Theological Seminary' i Iowa, USA.

Siden 1993 har Dr. Lee vært i spissen av verdens evangelisering gjennom mange utenlandske kampanjer i Tansania, Argentina, L.A., Baltimore, Hawaii, og New York City i USA, Uganda, Japan, Pakistan, Kenya, og Filippinene, Honduras, India, Russland, Tyskland, Peru, Den Demokratiske Republikk i Kongo, Israel og Estonia.

I 2002 ble han kaldt "verdens vekkelsespredikant" av store Kristelige aviser i Korea for hans mektige menigheter i de forskjellige utenlandske kampanjene. Hans New York Kampanje i 2006' som ble holdt i Madison Square Garden, som er den mest berømte arenaen i verden, var veldig spesiell. Begivenheten ble kringkastet til 220 nasjoner, og i hans 'Israelske Samlede Kampanje i 2009' som ble holdt i det Internasjonale Konferanse Senteret i Jerusalem, proklamerte han modig at Jesus Kristus er Messias og Frelseren.

Hans gudstjeneste er kringkastet til 176 nasjoner via satelitter inkludert GCN TV og han ble satt som en av de 10 Mest Inflytelsesrike Kristelige Ledere i 2009 og 2010 av det Russiske populære Kristelige bladet In Victory og det nye firma Christian Telegraph for hans mektige TV kringkatings menighet og utenlandske kirkemenigheter.

Fra og med september 2018, har Manmin Sentral Kirke en menighet på mer enn 130,000 medlemmer. Det finnes 11,000 søster kirker rundt omkring i verden inkludert 56 kirker innenlands, og opp til nå har mer enn 98 misjonærer blitt sendt til 26 land, inkludert United States, Russland, Tyskland, Canada, Japan, Kina, Frankrike, Kenya, og mange flere.

Opp til datoen av denne utgivelsen har Dr. Lee skrevet 112 bøker, inkludert bestselgerene *Å Smake på Det Evige Livet Før Døden, Mitt Liv Min Tro I & II, Korsets Budskap, Troens Målestokk, Himmelen I & II, Helvete, Våkn Opp Israel,* og *Guds Makt.* Hans' arbeidet har blitt oversatt til mer enn 76 språk.

Hans Kristelige spalter står skrevet i *The Hankook Ilbo, The JoongAng Daily, The Chosun Ilbo, The Dong-A Ilbo, The Seoul Shinnum, The Hankyoreh Shinmun, The Kyunghyang Shinnum, The Korea Economic Daily, The Shisa News,* og *The Christian Press.*

Dr. Lee er for tiden lederen av mange misjonærorganisasjoner og forbund. Stillinger inkluderer: Formann, The United Holiness Church of Jesus Christ; Bestående President, The World Christianity Revival Mission Association; Grunnlegger & Viseformann, Global Christian Network (GCN); Grunnlegger & Viseformann, World Christian Doctors Network (WCDN); og Grunnlegger & Viseformann, Manmin International Seminary (MIS).

## Andre prektige bøker fra den samme forfatteren

### Himmelen I & II

Et detaljert utdrag av de forferdelig flotte omgivelsene som de himmelske innbyggerne nyter og vakker beskrivelse om forskjellige nivåer av de himmelske kongerikene.

### Korsets Budskap

Et mektig og oppvekkende budskap for alle menneskene som sover åndelig! I denne boken vil du finne grunnen til at Jesus er den eneste Frelseren og Guds virkelige kjærlighet.

### Helvete

Et oppriktig budskap til alle mennesker ifra Gud, som ikke ønsker at en eneste sjel skal falle inn i dypet av helvete! Du vil oppleve en beretning som aldri før har blitt avslørt om den grusomme virkeligheten til det Lavere Dødsrike og helvete.

### Mitt Liv, Min Tro I & II

Den vakreste åndelige duften fra livet som blomstret sammen med en uforlignelig kjærlighet for Gud, midt i de mørke bølgene, kalde åkene og de dypeste fortvilelsene.

### Troens Målestokk

Hva slags oppholdssted, kroner og belønninger blir forberedt for deg i himmelen? Denne boken gir deg visdom og veiledning slik at du kan måle din tro og kultivere den beste og mest modne troen.

www.urimbooks.com

www.ingramcontent.com/pod-product-compliance
Lightning Source LLC
LaVergne TN
LVHW092052060526
838201LV00047B/1352